DE L'AUTHENTICITÉ

DES

CHANTS DU BARZAZ-BREIZ

DE M. DE LA VILLEMARQUÉ

PAR

F.-M. LUZEL

(LAURÉAT DE L'INSTITUT).

PRIX : 1 Franc.

SAINT-BRIEUC

GUYON FRANCISQUE, IMPRIMEUR-LIBRAIRE

Rue Saint-Gilles, 4.

PARIS | **BREST**
CHEZ A. FRANCK | CHEZ J. ROBERT
67, Rue Richelieu. | Rue Saint-Yves, 41.

1872

À Monsieur Ernest Renan,
Membre de l'Institut,
Avec les amitiés de l'auteur

DE L'AUTHENTICITÉ

DES

CHANTS DU BARZAZ-BREIZ

DE M. DE LA VILLEMARQUÉ

PAR

F.-M. LUZEL

(LAURÉAT DE L'INSTITUT).

PRIX : 1 Franc.

SAINT-BRIEUC

GUYON FRANCISQUE, IMPRIMEUR-LIBRAIRE

Rue Saint-Gilles, 4.

PARIS	BREST
CHEZ A. FRANCK	CHEZ J. ROBERT
67, Rue Richelieu.	Rue Saint-Yves, 41.

1872

SAINT-BRIEUC. — TYP. GUYON, FRANCISQUE.

AVANT-PROPOS

———

Le 18 avril, c'est-à-dire environ deux mois et demi avant l'ouverture du Congrès de Saint-Brieuc, j'écrivis la lettre suivante à M. de La Villemarqué :

Monsieur,

Voici pourquoi je vous écris,—question de politesse et de loyauté.

Dans le programme du Congrès scientifique de France qui, vous le savez, doit se tenir cette année à Saint-Brieuc, je trouve la question suivante :

« Faire l'histoire *authentique* des chants populaires de la Bretagne, » jusqu'à nos jours. »

J'ai cru comprendre immédiatement que cet article était à mon adresse, et je ne m'étais pas trompé, d'après ce qu'on m'a écrit de Saint-Brieuc, ces jours derniers. Quoiqu'il en soit, j'ai attendu plus d'un mois pour écrire aux Directeurs du Congrès, espérant que d'autres personnes se feraient inscrire pour parler sur la question, et, dans ce cas, je me serais contenté, si j'en avais senti l'opportunité ou la nécessité, de présenter quelques observations, de vive voix, dans le cours du débat. On m'a répondu que personne ne s'était fait inscrire encore, et que l'on comptait sur moi. Je me suis proposé alors pour lire un mémoire sur la matière.

Bien des fois déjà on m'a prié, en France, en Angleterre et en Allemagne, de traiter le sujet avec tous les développements qu'il comporte, me promettant la publicité des Revues et des journaux les plus répandus dans le monde savant. J'ai résisté constamment, jusqu'aujourd'hui, me regardant comme trop engagé personnellement dans le débat, et trop plein de la conviction que je suis dans le vrai, pour qu'une autre plume que la mienne, défendant la même cause, n'eût peut-être pas plus de chances d'être regardée comme plus impartiale et plus maîtresse de soi. Mais je vois qu'il me faudra arriver, tôt ou tard, à dire toute ma pensée sur cette question importante, que j'étudie depuis assez longtemps pour la connaître dans tous ses détails et toutes ses ramifications. Je saisirai donc l'occasion qui se présente.

Il est impossible de parler de l'authenticité des chants populaires bretons sans parler du *Barzaz-Breiz* et de son auteur. Je parlerai donc de l'un et de l'autre. Mais soyez certain que ce sera avec mesure, sans passion et comme d'une œuvre et d'un auteur datant de deux mille ans. Du moins, je promets de faire tous mes efforts pour cela, tout en disant, avec la plus grande sincérité et en toute liberté, ma pensée entière, et en apportant mes preuves à l'appui, autant que possible, car c'est là un travail qui demanderait presqu'un volume et je ne pourrai guère disposer de plus d'une heure.

Pour vous prouver combien je désire agir loyalement et que je ne parle que sous l'empire d'une conviction profonde, inébranlable, appuyée sur des preuves et des documents sérieux et nombreux, je veux vous donner une idée sommaire de mon travail, et vous indiquer les points principaux sur lesquels je m'appuierai et quelques-uns des arguments dont je ferai usage. Vous pourrez, d'après ces données, préparer aussi vos moyens de défense, si vous croyez devoir me contredire et me combattre. Pour moi, plein d'égards pour l'homme, que j'estime, je n'attaquerai, autant que possible, que son système et le livre qui en est résulté.

Après avoir reconnu les services réels et incontestables rendus aux lettres bretonnes par l'auteur du *Barzaz-Breiz*, constaté sa science, son goût et les ressources de son imagination, — je blâmerai dans son œuvre le défaut de critique ; je dirai qu'il n'était pas dans les conditions désirables pour traiter des questions historiques. Puis, j'avancerai et j'essaierai de prouver qu'il convient de faire deux parts bien distinctes dans les pièces dont se compose le *Barzaz-Breiz* :

1° — Chants entièrement, — ou bien peu s'en faut, — de l'invention de l'auteur. Ce sont les plus anciens, ou prétendus tels ;

2º — Chants qui se trouvent réellement dans le peuple, en substance du moins, mais qui ont été arrangés, interpolés et remaniés de toutes les façons, pour les rattacher à des événements historiques auxquels ils étaient, pour la plupart, complètement étrangers dans l'origine.

Le *Barzaz-Breiz* est donc faux historiquement.

Il est encore faux philologiquement, car la langue qui y est employée est loin d'être celle dont se servent habituellement nos Bretons bretonnants. Partout elle est épurée, archaïsée. L'auteur n'est donc pas dans le vrai quand il écrit que : *les textes du Barzaz-Breiz sont le thermomètre exact de la pureté du breton qui se parle dans nos campagnes*.

Conclusion. — Les historiens et les écrivains qui se livrent à des études sérieuses s'exposeraient à commettre de graves erreurs et à éprouver de cruels mécomptes, en ayant une confiance absolue dans l'authenticité des documents dont se compose le *Barzaz-Breiz*.

A présent, Monsieur, ma conscience est dégagée sur ce point, et je serai plus à l'aise pour parler franchement et librement sur la question.

Si vous jugez convenable de m'écrire, je vous dirai, en terminant, que je suis à Brest jusqu'au 23 avril inclusivement, et qu'après cette époque, mon adresse sera, comme à l'ordinaire, à Plouaret, Côtes-du-Nord (1).

Daignez agréez, Monsieur,

l'assurance de mes sentiments les plus distingués.

F. M. LUZEL.

Brest, 18 avril 1872.

(1) Le ton général de cette lettre m'a été commandé par celui de la dernière lettre que m'a écrite M. de La Villemarqué, et aussi par sa conduite à mon égard depuis quelque temps.

M. de La Villemarqué ne crut pas devoir répondre à cette lettre, mais il écrivit à Saint-Brieuc, à la Direction, pour prévenir qu'il ne se rendrait pas au Congrès, bien qu'il se fût fait inscrire déjà pour parler sur certaines questions du programme.

J'avais envoyé mon manuscrit à Saint-Brieuc douze jours avant l'ouverture du Congrès, afin que la Direction pût en prendre connaissance à loisir. Le 5 juillet, il me fut rendu, et je le lus le même jour, à la 5ᵉ section — Philosophie, Littérature, Beaux-Arts, etc... L'auditoire était nombreux, et je fus écouté très-attentivement et même applaudi. L'impression générale de mes auditeurs me parut être un grand étonnement. Il n'y eut pas, pour le moment, de protestations. On me fit seulement quelques observations, on m'adressa quelques questions auxquelles je répondis.

A la séance générale du soir, où l'on lisait tous les jours les rapports rédigés par les secrétaires sur les travaux de chaque section, M. Pocard-Kerviler, secrétaire de la 5ᵉ section, lut, à son tour, son rapport sur mon mémoire. C'était un résumé clair, très-fidèle et rendant toute ma pensée sur le sujet. Quand il eut terminé sa lecture, M. Morin, professeur d'histoire de la Faculté des lettres de Rennes, se leva et demanda que ce rapport ne fût pas imprimé dans le volume des comptes-rendus du Congrès. M. P. Huguet, secrétaire général du Congrès, et après lui, M. de Blois, président de la Société archéologique du Finistère, appuyèrent sa motion, se fondant surtout sur l'absence du principal intéressé. Or, d'après la lettre reproduite plus haut, on sait à quoi s'en tenir sur cette absence, et, si ce motif était tenu pour valable, ce serait un moyen commode pour étouffer toute discussion désagréable.

Un savant étranger, M. Raymond Bordeaux, d'Evreux, se leva à son tour, et parla vivement contre la suppression d'un rapport qui n'était que le résumé exact d'un travail consciencieux, étudié et lu en séance, devant un nombreux auditoire, sans qu'aucune protestation se fût produite. La question était au programme, l'auteur du mémoire l'avait traitée à son point de vue, comme un autre était libre de la traiter à un point de vue opposé. Le débat avait été courtois, le principal intéressé, averti plus de deux mois à l'avance, était absent volontairement.. ce serait donc manquer aux convenances, à l'équité et à l'esprit du Congrès scientifique de France, que d'essayer d'effacer toute trace d'un travail se présentant dans ces conditions. De plus, on manquerait le but que l'on se proposait d'atteindre, car certainement l'auteur du mémoire évincé de cette façon trouverait moyen de faire entendre sa voix, ou en faisant imprimer son travail dans quelque publication plus libérale, ou en l'éditant à son propre compte.

M. H. Gagon, président du Tribunal civil de St-Brieuc, parla ensuite dans le même sens, avec non moins de logique et de chaleur ; puis Monseigneur David, évêque de Saint-Brieuc, toujours prêt à soutenir l'intérêt des lettres bretonnes, et que l'on est sûr de trouver, en toute occasion, du côté de la franchise et de la vérité.

Dès lors, j'eus cause gagnée, et il fut décidé que le rapport de M. Pocard-Kerviler serait inséré aux comptes-rendus, avec cette réserve toutefois, que l'on laissait à l'auteur du mémoire toute la responsabilité de ses critiques et de ses appréciations ; — ce qui me paraît ne pas signifier grand'chose, car je suppose que tous ceux qui ont parlé dans ce Congrès, comme ailleurs, ne doivent faire aucune difficulté d'assumer la responsabilité de ce qu'ils ont dit ou écrit ; cela va de soi, naturellement. A moins pourtant que cela n'ait une autre signification, et je crains que ce ne soit la vraie, à savoir : que dans certains congrès, associations, réunions ,etc,... on voudrait qu'il y eût certaines personnes qu'il fût défendu de contredire, et sur les fautes et les erreurs desquelles il fallût jeter un voile. Pour moi, je ne saurais ni penser ni agir de cette façon, car, avec un pareil système, ce serait une pure illusion et une vraie duperie que la recherche consciencieuse et désintéressée de la vérité.

Mon mémoire, repoussé par la direction du Congrès de Saint-Brieuc, (car le mémoire n'a pas été admis à figurer parmi les autres qui seront imprimés dans le volume qui sortira de ce Congrès), — je veux le faire parvenir au public, afin qu'il le lise et le juge, et puisse ainsi étudier, sur de nouveaux documents, cette grave question de l'authenticité des chants populaires bretons sur laquelle, jusqu'à présent, il n'a guère été entendu qu'un seul témoin.

F.-M. Luzel.

Plouaret, le 16 Août 1872.

CHANTS POPULAIRES

DE LA

BASSE-BRETAGNE

✻

DE L'AUTHENTICITÉ

DES POÉSIES DU BARZAZ-BREIZ

DE M. DE LA VILLEMARQUÉ.

I.

MESSIEURS,

Je trouve dans le programme du Congrès, page 23, section V, article XII, une question ainsi formulée :

« Faire l'histoire *authentique* des chants populaires en
» Bretagne, jusqu'a nos jours. »

Cette question rentre dans le cadre de mes études ordinaires, et je viens vous en entretenir pendant quelques moments.

J'entre immédiatement en matière.

Les premiers ancêtres des poètes bretons furent les bardes. Il convient donc de remonter jusqu'à eux. Je serai bref en ce qui les concerne, par la raison que nous connaissons assez peu de chose d'eux, du moins dans la Gaule.

« Les bardes, — nous dit M. Ampère, — n'ont laissé
» qu'un nom vaguement célèbre, mais point de monuments·
» Les bardes chantaient dans nos forêts, comme les homé-
» rides sur les rivages de la Grèce et de l'Ionie ; mais leurs
» chants sont morts avec la nationalité gauloise. » (1)

Ce n'est donc que par les quelques rares notions éparses
dans les auteurs grecs et latins, et en les étudiant chez les
autres peuples d'origine celtique où leur histoire est mieux
connue, — dans les îles Britanniques, par exemple, — que
nous pouvons arriver à connaître à peu près ce qu'ils furent
primitivement en Gaule.

Chez les Gaulois, comme partout ailleurs, la poésie a été
associée à la religion. Strabon nous dit : — « Les trois
» classes les plus honorées de la nation gauloise sont les
» bardes, les druides et les devins. »

Outre les bardes religieux, qui accompagnaient les druides, il y avait aussi chez les Gaulois des bardes guerriers,
qui suivaient les chefs à la guerre, et ranimaient le courage
et l'enthousiasme des soldats, comme Tyrtée, chez les Grecs,
et Taillefer, à la bataille d'Hastings. Il y avait donc une poésie
sacerdotale et une poésie belliqueuse. Elien, Ammien Mar-
cellin, Festus, sont d'accord sur ce point, ainsi que Lucain,
dont on connaît la belle apostrophe : « O poètes dont les
» louanges donnent l'immortalité, bardes, vous avez répan-
» du, sans être inquiétés, des chants nombreux. » (2)

Le mot *plurima* semble indiquer tout un cycle nombreux
de poésies bardiques, et nous fait regretter vivement qu'il
n'en soit rien arrivé jusqu'à nous. Je ne sais s'il était défendu
aux bardes guerriers, comme aux bardes sacerdotaux, de
confier leurs inspirations à l'écriture.

---

(1) — *Revue des Deux-Mondes*, — 15 août 1836 — page 419.

(1) — Laudibus in longum, vates, dimittitis ævum,
Plurima, securi, fudistis carmina, bardi.

(Pharsal. lib. i.)

Les bardes, ai-je dit, étaient très-honorés chez tous les peuples d'origine celtique. Mais en Gaule, ils déchurent assez tôt de la position élevée qu'ils occupaient d'abord à côté des druides ; ils tombèrent dans une position inférieure et précaire, dans la dépendance et sous le patronage des chefs de tribus gauloises.

Athénée, d'après Possidonius, qui visita la Gaule, nous montre, dans un exemple frappant, ce qu'était la situation des bardes auprès des chefs gaulois, environ cinquante ans avant la conquête de César.

Les chefs convoquaient souvent des assemblées de bardes dans de grands festins, afin d'entendre chanter à l'envi leur éloge. Ils rémunéraient d'ailleurs largement ces louanges. Luernius, roi des Arvernes, avait donné un jour un de ces grands festins bardiques. Un certain poète, s'étant attardé, n'arriva qu'au moment où Luernius partait. Ne voulant pas manquer la récompense sur laquelle il avait compté, il se mit à courir après son char, et exaltant le mérite et la valeur du chef et en déplorant son retard. Luernius lui jeta une bourse d'or dans la poussière, et le barde la ramassa, en disant : — « Les vestiges de ton char sur la terre font germer l'or et » les bienfaits ! »

Cela fait songer aux mendiants (les bardes de nos jours, ordinairement), — qui suivent en chantant les chaises de poste, à une montée, et remercient avec des prières et des louanges exagérées de la moindre pièce de monnaie qu'on leur jette.

Dans la Gaule, l'histoire des bardes est bien vite finie, les documents faisant défaut. Il n'en est pas de même en Irlande et dans le pays de Galles, en Angleterre, où on peut les suivre à travers les phases variées et inégales de leur existence, jusqu'au XVe siècle, et même plus tard. Le VIe siècle fut l'époque de leur plus grande splendeur. Les plus célèbres furent : Aneurin, Llywarc'h-Hem, Taliésin et Merlin. Mais nous ne sortirons pas de la Gaule, cela excèderait notre cadre.

La Gaule, qui fut d'abord le principal séjour des bardes, est cependant le pays où leur institution a eu le moins de durée et a laissé le moins de traces. La conquête romaine l'étouffa de bonne heure. S'il s'était conservé quelque part en Gaule, — dit M. Ampère, — des poètes en possession de la tradition druidique, ce n'aurait pu être qu'en Armorique, province imparfaitement soumise.

Or, en Armorique même, je ne crois pas que nous ayons rien que l'on puisse, avec quelque certitude, attribuer aux anciens bardes. Peut-être, tout au plus, quelques proverbes ou dictons populaires, quelques vers isolés ou des fragments très-courts interpolés dans des pièces beaucoup plus modernes ; mais il serait grandement imprudent de rien affirmer à cet égard.

Dom Taillandier dit pourtant, dans la préface du *Dictionnaire de la langue bretonne* de Dom Le Pelletier (1752) : « Le plus ancien manuscrit qu'ait trouvé Dom Le Pelletier » est un manuscrit de l'an 1450, qui est un recueil de pré- » dictions d'un prétendu prophète nommé Gwinglaff. »

Le Père Grégoire de Rostrenen, qui appelle le même Gwinglaff « prophète ou astrologue très-fameux encore de nos jours parmi les Bretons », constate l'existence du même manuscrit, qu'il dit avoir vu entre les mains du R. P. Dom Louis Le Pelletier, à l'abbaye de Landévenec. Dom Le Pelletier, au mot *Bagad* de son dictionnaire, cite deux vers de ce *prétendu* prophète, comme l'appelle Dom Taillandier. Le Père Grégoire de Rostrenen en cite deux autres, qui forment un proverbe très-répandu dans le peuple. Mais il me paraît fort douteux que ces vers puissent remonter à l'an 450, qui est, dit-on, l'époque à laquelle vivait Gwinglaff. Ce n'est certainement pas la langue dans laquelle ils sont formulés qui serait une preuve d'une antiquité si reculée, pas plus que celle du chant ou prophétie qui se trouve dans le *Barzaz-Breiz* de M. de La Villemarqué, sous le titre de *Diougan Gwenc'hlan*, et qui y est présenté comme étant de la même époque. Et, d'autre part, rien chez nous ne vient à l'appui de cette supposition d'un barde armoricain du ve siècle qui aurait habité le pays de Tréguier, et dont quelques fragments seraient arrivés jusqu'à nous (1), pas même la tradition populaire, bien que M. de La Villemarqué affirme (Introd. p. 24, 6e éd.) : — que Gwenc'hlan est toujours aussi célèbre en Bretagne que du temps où vivait Grégoire de Rostrenen, c'est-à-dire vers 1732. J'ai couru dans tous les sens le pays de Tréguier, qui est le mien ; j'en recherche et j'en étudie depuis longtemps les traditions de toute nature ; je connais parfaitement et *Roch-al-laz* et *Porzgwenn* et le *Menez-Bré*, qui sont les lieux que l'on dit avoir été habités tour-à-tour par le prétendu prophète ou barde, et je puis affirmer que le souvenir de Gwinglaff ou Gwenc'hlan ou Guiclan, non-seulement n'y est pas populaire, mais qu'il a même complètement péri, en supposant qu'il ait jamais été bien répandu. C'est à peine si j'ai entendu prononcer son nom, ou quelque chose d'approchant, une ou deux fois. Ainsi, à Louargat, au pied du Ménez-Bré, une vieille femme que j'interrogeais m'a dit un jour, qu'il y avait autrefois *ur War-c'hlan* sur le sommet de la montagne. Serait-ce une altération de Gwinglaff ? Elle ne savait, du reste, si c'était un homme ou un animal. Je ne nie pas, après tout, l'existence chez nous d'un barde du ve siècle, qu'il s'appelât Gwinglaff, Gwenc'hlan ou autrement ; ce que je conteste c'est que des chants, des poésies d'un barde armoricain de cette époque aient pu arriver jusqu'à nous par la tradition orale.

Je sais qu'il se trouve dans la collection de M. Penguern, — que je voudrais voir publier, ou déposer dans quelque bibliothèque publique, — un certain nombre de proverbes et de dictons populaires que ce savant regrettable et consciencieux attribuait au même Gwenc'hlan ; mais je crois aussi que

(1) — Je ne suis pas convaincu de l'identité de Gwenc'hlan et du Kian dont parle Taliésin, d'après le Myvirian. Je ne vois pas bien en vertu de quelle loi on établirait l'affinité et les rapports de ces deux noms.

c'était bien arbitrairement. Ces proverbes et ces dictons existent réellement dans le peuple, mais je suis convaincu qu'ils ne sont l'œuvre de personne, en particulier, et qu'ils appartiennent à tout le monde, comme les proverbes de tous les pays, du reste, dont on peut dire avec raison qu'ils sont : *vox populi*.

Quant au document ou manuscrit de Landévénec, dont parlent Dom Le Pelletier et Grégoire de Rostrenen, il serait difficile d'en contester l'existence contre deux témoignages si respectables et si dignes de foi, et, comme c'était un manuscrit, copié au XVe siècle sur un autre manuscrit, présume-t-on, (mais ce qui n'est pas certain), je ne doute pas qu'il ne contînt des choses anciennes et très-intéressantes, quand bien même elles ne dateraient que du XVe siècle, comme c'est probable. Mais, je le répète, l'attribution à un barde du Ve siècle me semble on ne peut plus aventurée. (1) Ce qui me paraît encore bien singulier et inexplicable, même, c'est que le P. Grégoire de Rostrenen et Dom Le Pelletier, — ce dernier surtout, qui habitait l'abbaye de Landévénec, — ayant sous la main un document si précieux, un véritable trésor, l'aient si rarement mis à contribution ! Ils ne l'ont cité que deux fois, tandis qu'ils citent très-fréquemment des

(1) — Un ami très-versé dans tout ce qui regarde la littérature bretonne, M. L. Sauvé, m'écrit ce qui suit et qui confirme ma thèse sur ce point : — « Je partage entièrement vos doutes à l'endroit du manuscrit des prophéties de Gwinglan. Trois hommes témoignent de l'existence du fameux manuscrit : Grégoire de Rostrenen, Dom Le Pelletier et Dom Taillandier. Grégoire de Rostrenen assure, dans la préface de son dictionnaire, publié en 1732, que le prophète Guinclaw marque au commencement de ses prédictions qu'il écrivait l'an du salut 240, demeurant entre Roc'h-Hellas et Portz-Guënn.

Cette date de 240 lui a-t-elle été contestée ? Je ne sais, mais en 1738, dans la préface de sa grammaire française celtique, il apporte une correction et veut qu'on lise 450.

Quatorze ans plus tard, Dom Taillandier dit que « le plus ancien manus-
» crit qu'ait *trouvé* Dom Le Pelletier, est un manuscrit de l'année 1450, qui
» est un recueil de prédictions, d'un prétendu prophète nommé Gwinglaff. »
Ainsi, voilà dès le début trois dates : 240, 450 et 1450.

Il faut avouer que si le désaccord que l'on remarque entre ces chiffres provient de simples fautes d'impression, ces fautes sont bien malheureuses.

documents bien moins importants, comme : *La Prise de Jérusalem par Titus* (1), — La *Vie de saint Guenolé*, les *Amourettes du Vieillard* etc.

Le véritable moyen de porter quelque lumière dans cette question si obscure, ce serait de publier le manuscrit qui renferme les poésies du barde et prophète Gwenc'hlan et dont les journaux et les *revues*, vers 1835-36, — annoncèrent la découverte faite par un jeune savant breton, dans une vieille église de la Cornouaille. (2) Pour ce qui est du beau chant : *La Prophétie de Gwenc'hlan*, du *Barzaz-Breiz* (pag. 19), je crois qu'il a été composé à l'aide des citations de Dom Le Pelletier et Grégoire de Rostrenen d'abord, — puis du Myvyrian d'Owen Jones et des bardes gallois du VIe siècle. Le thème, le genre de poésie et le ton étant indiqués, l'auteur, selon son habitude, s'en est tiré on ne peut mieux.

Je ne crois pas que la tradition orale nous ait transmis de chants bretons très-anciens. J'admets que quelques échos d'époques vraiment reculées, sous forme de proverbes ou de dictons populaires, par exemple, ou même des fragments, des lambeaux interpolés dans des pièces relativement modernes, aient pu arriver jusqu'à notre temps ; mais non en nombre suffisant néanmoins pour pouvoir, en les réunissant, composer des chants et des poèmes complets : à plus forte raison, je ne saurais admettre que des chants des Ve, VIe, VIIe, VIII°, IXe siècles, nous aient été conservés intégralement, ou à peu près. M. Le Huërou, mon oncle, l'auteur des *Institutions Mérovingiennes* et *Carlovingiennes*, que la Bretagne a perdu trop tôt, hélas ! avait compris de bonne

---

(1) — J'ai déposé à la Bibliothèque nationale, à Paris, un manuscrit de ce curieux et très-rare mystère. — J'y ai également déposé un manuscrit du mystère de saint Guénolé, aussi très-rare.

(2) Voir — *Revue des Deux-Mondes,* n° du 15 août 1836, p. 44, ligne 10e ; voir également le dictionnaire d'Ogée, au mot Pédernec. La même annonce a été publiée dans la *Revue de Paris* et le *Journal des Débats*, m'a-t-on assuré. Elle se trouve encore dans le *Courrier français,* du 28 octobre 1835.

heure l'intérêt et l'importance de nos traditions populaires, et, dès 1835 et 36, il s'était occupé d'en recueillir dans le pays de Tréguier, où il était né. Voici ce que je trouve dans ses papiers posthumes, au sujet de ces traditions : — « Quant aux chansons et traditions nationales, elles sont » innombrables dans notre province de Bretagne ; mais elles » sont, comparativement, récentes et je n'en connais pas » qui remontent plus haut que le XIVe siècle. »

J'espère qu'on ne contestera pas dans la matière la compétence du savant Breton qui a écrit, pour la nouvelle édition du Dictionnaire historique géographique d'Ogée, la belle introduction sur les *Origines celtiques*, connue de tous ceux qui s'occupent d'études bretonnes.

Nos traditions orales non chantées sont de beaucoup plus anciennes que les chants. Cela tient, je pense, à ce que, pendant que les chants non écrits périssent avec la langue dans laquelle ils sont composés, ou, du moins, quand cette langue se modifie profondément, en subissant l'influence prépondérante d'une autre langue, les contes, au contraire, qui n'ont pas reçu une forme aussi rigoureusement arrêtée, sont sauvés grâce à l'attrait des fables et des ressorts merveilleux sur lesquels ils sont bâtis, et passent facilement dans une autre langue. C'est ainsi que nous trouvons chez nos paysans des contes très-anciens et qui sont également connus en Italie, dans les îles Britanniques, en Allemagne, chez les Slaves, en Danemarck, en Suède, en Norwège, en Islande, et jusque dans les fables indiennes.

Mais, me dira-t-on, on parlait breton avant le XIVe siècle, et, par conséquent, on devait aussi chanter en breton ?

Je le crois. Mais le breton antérieur au XIVe et même au XVe siècle serait aujourd'hui intelligible aux savants seuls, et le peuple n'y comprendrait que quelques mots isolés, par ci, par là.

On chantait aussi du temps de Charlemagne, et la meilleure preuve en est que le grand Empereur fit faire un recueil des chansons populaires de son temps. Mais ce recueil s'est perdu, malheureusement, et avec lui sont perdus pour jamais les documents très-précieux qu'il renfermait, et la tradition orale n'en a rien transmis jusqu'à nous. C'est que la langue que l'on parlait alors en Gaule, et qui était le latin, ou quelque chose d'approchant, a cessé d'être parlée et comprise par le peuple. Ainsi on peut dire, en thèse générale, que quand une langue périt, ou subit quelque perturbation profonde, il n'en survit guère que ce qui est écrit, et les fables populaires, toujours et partout chères au peuple.

Mais revenons aux bardes et à leurs successeurs. Dans quel état les retrouvous-nous aujourd'hui ?

Si aux XIVe et XVe siècles il y eut, comme aujourd'hui, de nombreux chants répandus dans le peuple en Bretagne, — et rien ne s'oppose à ce que nous le croyions, — il n'en est pas moins vrai que ce qui nous en est parvenu n'est pas considérable. Nous en avons, au contraire, un très-grand nombre des XVIe, XVIIe et XVIIIe siècles. Les sujets les plus ordinaires de ces poésies sont les querelles des nobles du pays entre eux, leurs exactions et leurs violences de toute sorte ; puis des exécutions capitales, par la corde ou par le bûcher, des infanticides, des assassinats, des apparitions et des visions surnaturelles, etc,... enfin, tout ce qui frappait l'esprit et l'imagination du peuple, et surtout ce qui se passait chez lui, sous ses yeux, ou dans le voisinage. Les mœurs sont, souvent, un peu barbares et sentent le Moyen-âge ; ce sont les mœurs des XIe, XIIe et XIIIe siecles. L'histoire générale et les événements lointains tiennent peu de place, en général, dans la poésie populaire, et c'est avec raison qu'un savant critique (1) a dit : « Les célébrités du peuple sont rarement celles de » l'histoire, et, quand les bruits des siècles reculés, nous » sont arrivés par deux canaux, l'un populaire, et l'autre

____

(1) Ernest Renan, — *Essais de Morale et de Critique*, page. 429.

» historique, il est rare que ces deux formes de la tra-
» dition soient pleinement d'accord l'une avec l'autre.» .

Je reviendrai, plus loin, sur le peu d'accord qui existe
ordinairement entre la tradition orale et la tradition écrite.

Il y a toute une catégorie spéciale de nos poésies populaires que l'on désigne sous le nom de poésies de *clers* :
mais il convient d'y faire deux parts. C'est à tort qu'on les a
toutes attribuées à des écoliers prêtres, ou des séminaristes,
comme ont dirait aujourd'hui. Au Moyen-âge, et, en Basse-
Bretagne, le Moyen-âge s'est prolongé, sous plus d'un rapport, presque jusqu'à la fin du xviiie siècle, on appelait
clerc, en France comme chez nous, tout homme un peu
instruit, ou du moins qui avait été à l'école dans quelque
ville ; et, dans nos campagnes, il n'était pas besoin de savoir
grand'chose pour passer pour un clerc ; il suffisait, le plus
souvent, de savoir un peu lire et écrire. C'est ce qui explique
les nombreux *gwerziou* où des *klœrs* sont représentés
dans des aventures et des situations qui ne sont, souvent,
rien moins que honorables et exemplaires.

Une autre branche des poésies de clercs, — et celles-là peuvent, sans inconvenient, être attribuées, pour une large
part, aux écoliers prêtres, — c'est celle qui renferme les
poésies amoureuses et sentimentales connues sous le nom de
Soniou. Il y a dans ce genre des pièces charmantes, comme
sentiment presque toujours, et souvent comme forme. Les
Serbes et les Lithuaniens ont également leurs poésies amoureuses, qui s'appellent *piesmés* chez les premiers, et *daïnos*
chez les seconds,

Ce n'est qu'à partir de la fin du xvie siècle , croyons-nous,
que les poètes bretons ont commencé à imprimer leurs *gwerziou* et leurs *soniou* sur des feuilles volantes que des chanteurs ambulants, des mendiants presque toujours, allaient
chantant dans les foires et les pardons, et colportaient dans
les campagnes, de porte en porte. Ce sont là nos derniers
bardes. Une habitude qu'ils ont conservée jusqu'aujourd'hui,

et qui semble leur venir de leurs ancêtres les bardes gaulois, c'est celle qui consiste à assister les jeunes fiancés, et à chanter leurs louanges. *Bardi nupturas puellas ambire solebant,* dit un écrivain ancien.

Il n'existe, à ma connaissance, aucun recueil imprimé, ni manuscrit, où un poète breton ait réuni ses œuvres, avant le Père Maunoir, dans la seconde moitié du xviie siècle. (1)

Quand j'étais enfant, les chanteurs ambulants étaient encore assez nombreux, et je me rappelle avec quels transports joyeux on les accueillait, quand ils arrivaient, vers le soir, l'hiver surtout, avec leur sac bien bourré de vieux *gwerziou,* de *soniou* nouveaux et de belles images de saints vivement coloriées. Tout cela venait de chez Lédan et Guilmer, de Morlaix. Durant toute la veillée, le barde ambulant chantait et racontait tour à tour de sombres *gwerziou* et des récits merveilleux à toute la maisonnée réunie devant un feu joyeux. Il était assis sur un escabeau de bois, — l'escabeau du conteur, — dans le vaste foyer du manoir, et avait à côté de lui une écuellée de cidre doré, à laquelle il demandait de temps en temps sa verve et son inspiration. Et alors, il fallait voir quels chants et quels récits !

A présent, ces homérides armoricains, que je ne me rappelle pas sans éprouver encore quelqu'émotion, deviennent plus rares de jour en jour, et je prévois le temps, non bien éloigné, où ils disparaîtront tout à fait, ou peu s'en faudra, quand les plates et sottes chansons françaises que l'on commence déjà à colporter dans nos campagnes, avec ou sans l'estampille de l'administration, auront remplacé ces productions spontanées, originales, nationales aussi, et où le peuple breton avait mis toutes ses croyances, ses mœurs, ses sentiments, ses rêves et son cœur.

(1) Tanguy Guéguen, prêtre, publia pourtant, quelques années avant le Père Maunoir, un recueil de cantiques bretons à Quimper-Corentin, en 1650.

L'ancien évêché de Tréguier, c'est-à-dire tout l'arrondissement de Lannion et une partie de celui de Tréguier, est, incomparablement, la partie de la Bretagne où se sont le mieux conservées les traditions orales du peuple, chants, contes et récits de toute sorte.

Une remarque qui n'aura échappé à aucun de ceux qui s'occupent de poésie populaire, c'est que les meilleures, sous tous les rapports, comme sentiment et poésie, et comme forme et langage, sont celles qui n'ont jamais été imprimées, et dont les auteurs inconnus étaient, on peut l'affirmer à coup sûr, des hommes simples et droits de cœur et d'intention, d'honnêtes gens qui, presque toujours, ne savaient ni lire ni écrire. Celles qui sont imprimées, sont généralement guindées, prétentieuses, prosaïques, triviales, grossières parfois, et la langue en est détestable. Je ne parle pas ici, naturellement, des louables publications de quelques poètes contemporains et connus, car ce n'est pas là de la vraie poésie populaire. De nos jours, plus les bardes du peuple introduisent dans leurs insipides compositions de mots français et de choses qu'ils ne comprennent pas, souvent, plus ils s'imaginent avoir fait preuve de talent et produit une œuvre distinguée, *distinget*, comme ils disent.

Ce sont là nos derniers bardes !

Hélas ! ils finissent de mettre au tombeau, après l'avoir si maltraitée, les barbares ! notre chère et infortunée poésie bretonne. Ah ! qu'ils méritent bien qu'on leur applique la vive satire, l'anathème vengeur que le barde Taliésin lança contre les *clercs* de son temps, qui, paraît-il, méritaient déjà les mêmes reproches ! (1)

---

(1) Voir *Barzaz-Breiz*, introduction, page XIX, 6ᵉ édition.

II.

Il est impossible de parler des chants populaires de la Bretagne Armorique sans rencontrer sur son chemin le nom de M. de La Villemarqué et son *Barzaz-Breiz*. Je parlerai donc de l'un et de l'autre. Mais ici le terrain devient brûlant, *incedo per ignes*, et je dirais volontiers avec La Fontaine :

> Veuillent les immortels, protecteurs de ma langue,
> Que je ne dise rien qui doive être repris!

Je promets de faire tous mes efforts pour exprimer ma pensée avec le calme, la mesure et la convenance que réclament et la position de l'homme et les services incontestables qu'il a rendus aux lettres bretonnes ; — mais aussi avec la fermeté et l'indépendance que me commandent et une conviction appuyée sur des études et des preuves sérieuses et nombreuses, et la gravité du sujet ; — car il ne faut pas perdre de vue que c'est ici une question historique avant tout, et de la plus grande importance. Je parlerai de l'auteur du *Barzaz-Breiz* comme d'un ancien, s'il est possible, un homme mort depuis deux mille ans.

Abordons donc la question de l'authenticité des chants du *Barzaz-Breiz* avec calme, indépendance et une entière sincérité.

La science des chants populaires, — car c'est devenu une véritable science de nos jours, — était encore à l'enfance, quand parut la première édition du *Barzaz-Breiz*, en 1839. M. Fauriel avait, le premier chez nous, ouvert la carrière, par son remarquable recueil des *Chants populaires de la Grèce moderne*. Aussi serait-ce une grande injustice que de reprocher à M. de La Villemarqué de n'avoir pas employé, dès cette époque, une méthode suffisamment critique, et de n'avoir pas profité de découvertes et de lois qui n'ont été connues que plus tard. La première édition du *Barzaz-Breiz* devait être ce que M. de La Villemarqué l'a faite, c'est-à-dire littéraire et bretonne. Ce n'est qu'à l'égard des éditions qui ont suivi, et de la dernière surtout, qui est de 1867, que l'on est en droit de lui montrer quelque sévérité, — puisqu'il est membre de l'Institut, — pour n'avoir tenu aucun compte, ou du moins fort peu, des critiques légitimes, et toutes bienveillantes d'abord, dont son recueil avait été l'objet, en France et à l'étranger. Alors de nombreux travaux sur la littérature populaire, chants, contes, traditions orales de toute nature, avaient paru un peu de tous les côtes, et il lui eût été facile d'en profiter pour mettre son livre au niveau et au point de la science du moment, et nous en donner une édition critique et définitive, vraiment digne de lui et de l'illustre corps dont il fait partie. Il en était plus capable que qui que ce soit, et s'il ne l'a pas fait, c'est qu'il ne l'a pas voulu, sans que nous en connaissions bien les motifs.

La science n'est jamais stationnaire et immobile. Le temps, l'expérience, l'étude la font avancer et la changent et la modifient continuellement sur quelque point. Aussi, chez un homme un peu attentif au progrès des études modernes, dans les différentes branches qu'elles embrassent, les opinions et les points de vue doivent changer et se modifier au fur et à mesure que ces progrès s'accomplissent. Certes, il n'y a pas eu de plus chaud admirateur que moi du *Barzaz-Breiz*, et ce n'est guère qu'après vingt-cinq ans de recherches patientes et d'études suivies sur la matière, et lorsque j'ai acquis une ferme conviction, appuyée sur des informations et des documents sûrs et nombreux, que je suis arrivé, quoiqu'il m'en ait coûté, à changer radicalement d'opinion et de manière de voir sur cette question importante de l'authenticité des chants du *Barzaz-Breiz*. Les générations se succèdent, profitant chacune des travaux et des découvertes de toutes celles qui l'on précédée, et c'est ainsi que la science

progresse et s'augmente continuellement, comme le dit Bacon :
« *Multi pertransibunt, et augebitur scientia.*

Il n'y a ni déshonneur ni honte à se tromper, (et qui donc
ne s'est jamais trompé ?) surtout lorsqu'on s'engage dans
des régions encore inexplorées, et c'était d'abord le cas de
M. de La Villemarqué ; — mais, quand on s'apperçoit que
l'on a fait fausse route, et qu'on vous en avertit de tous les
côtés, il est encore honorable de le reconnaître franchement,
sans détour, et l'opinion publique, et celle des savants
surtout, ne peut être que très-indulgente et reconnaissante
même, en pareil cas. Sans cette franchise et cette loyauté,
il n'est pas de progrès possible dans la science.

Jusqu'à ces derniers temps, M. de La Villemarqué avait
eu seul, ou peu s'en faut, la parole dans la question. Or, il
n'est pas bon, au point de vue de la critique, comme à celui
de la justice, de n'entendre qu'une seule voix, un seul témoi-
gnage, dans une cause. Cela venait de ce que peu de personnes étaient en état d'aborder le sujet avec une connaissance
suffisante de la langue, et des recherches, et des études
spéciales, et présentant toutes les garanties désirables de sincérité et d'authenticité. Ces études et ces recherches sont
pénibles et longues, surtout quand on n'est pas né dans le
pays, et qu'on n'a pas été familiarisé, dès l'enfance, avec la
langue nationale, celle de nos paysans (1).

---

(1) — Depuis quelques années, les études celtiques, si gravement com-
promises par les rêveries et les excentricités de l'Académie celtique, fondée
en 1805, se sont relevées du discrédit aussi complet qu'immérité dans lequel
elles étaient tombées, et ont fait, chez nous, des progrès marqués. Des savants
renommés, appuyés sur une bonne méthode critique, et toute une pléiade de
poètes distingués, se sont mis résolûment à l'étude de nos origines et de notre
langue, en France et à l'étranger, et il est permis d'espérer que ces études vont
enfin être fondées chez nous, sérieusement et d'une manière suivie, et qu'elles
ne tarderont pas à donner tous les heureux résultats qu'on est en droit d'attendre d'elles. Il me suffira de citer parmi les plus savants des celtistes de
France les noms de MM. Ernest Renan, d'Arbois de Jubainville, C. Nigra,
G. Paris, Ch. de Gaulle, A. Troude, Monseigneur David, évêque de Saint-
Brieuc, F. R. Le Men, L. Sauvé, J. B. Salaün, Le Jean, P. Proux, G. Milin,

La nouvelle préface de la dernière édition du *Barzaz-Breiz* et l'introduction des éditions précédentes, qui, du reste, est restée la même, à très-peu de chose près, dans cette dernière édition, — contiennent un certain nombre d'assertions et de propositions que je crois erronées et que je veux soumettre à une critique sévère, mais impartiale, parce qu'elles constituent tout un système qui a rencontré quelque crédit jusqu'aujourd'hui et qui a fait commettre de graves erreurs aux écrivains qui l'ont accepté trop facilement.

Commençons par une proposition importante et dont les conséquences sont graves, — à savoir, la contemporanéité des chants, autrement, des poètes et des événements ou des hommes qu'ils chantent. Cette proposition, vraie, je le reconnais, dans la pluralité des cas, admet cependant de nombreuses et importantes exceptions. Voici en quels termes M. de La Villemarqué formule son opinion :

« Si le chanteur s'avisait de traiter un sujet étranger aux
» idées, aux mœurs, aux habitudes actuelles, de prendre
» pour héros de ses poèmes des personnages avec lesquels
» le public ne serait pas déjà familiarisé ; que la génération
» nouvelle, ou du moins la génération qui s'en va, ne con-
» naîtrait pas ; s'il lui prenait envie de rimer des aventures
» qui n'offriraient pas à la foule un intérêt récent, — croit-
» on que son œuvre aurait du succès, qu'elle se graverait
» dans les esprits ; en un mot, qu'elle deviendrait populaire
» et traditionnelle ? Mille fois non ! » (Introd., pag. 16 et 17, 6ᵉ édition).

Cette conclusion si radicale et si énergiquement formulée est en contradiction complète avec l'histoire, et l'expérience

---

les abbés Henri, Hingant, Cabec, Le Pon, Etienne, Chaton, Morvan, Gourhan, et M. de La Villemarqué, malgré quelques réserves, et Henri Gaidoz, l'habile et savant directeur d'une *Revue celtique* que tous les Bretons instruits, qui aiment leur pays et leur langue, sincèrement et d'une manière intelligente, devraient encourager, en s'y abonnant.

nous apprend que les choses ne se passent pas toujours, ni en Bretagne, ni ailleurs, tout à fait comme nous l'affirme l'auteur du *Barzaz-Breiz*. Les lois générales de la poésie populaire ne sont pas, chez nous, différentes de ce qu'elles sont chez les autres peuples, et je soutiens que les poètes populaires, en Bretagne comme ailleurs, ont souvent chanté des évènements, des faits et des personnages étrangers à leur temps et même à leur pays, et qu'ils ont imité des poésies venues d'autres pays, de France surtout. J'en pourrais fournir de nombreux exemples, et pour les *Gwerziou* et pour les *Soniou*. Je citerai, pour les *Gwerziou*, les pièces suivantes du premier volume de mon recueil de *Poésies populaires de la Basse-Bretagne* (1) : — *Celui qui alla voir sa maîtresse dans l'enfer*, page 45, — *La légende de Saint-Julien*, page 139 — *Le roi de Romanie*, page 179, — *La marquise Dégangé*, page 501, — qui n'est autre chose que la tragique histoire de la marquise De Gange hardiment transportée par le chanteur populaire de la Provence en Bretagne. J'aurai beaucoup de cas du même genre dans mon second volume de *Gwerziou*, entr'autres la légende normande de Robert-le-Diable. Quant aux *Soniou* imités du français, ils sont aussi très-nombreux. M. de La Villemarqué lui-même, à la page 151 de son recueil, a une charmante ballade « Le Rossignol », qui a été imitée de Marie de France, bien qu'il soutienne la thèse tout opposée, par un poète qu'il connaît bien, et qui est loin d'être contemporain de l'aventure chantée, qu'il place au XIIe siècle.

Donc, imitation, et non contemporanéité, et cela se passe partout ailleurs de la même manière. En voici, du reste, des exemples qui paraîtront concluants, je l'espère : — Ni Guillaume Tell, le héros de l'indépendance Suisse ; ni Wallace, qui défendit sa chère Ecosse contre le roi Edouard ; ni Robin

(1) — *Gwerziou Breiz-Izel*, ou chants populaires de la Basse-Bretagne, 1er vol., ouvrage couronné par l'Institut, au concours de 1869, 1 vol. in-8° de 559 pages. — Paris, Franck, et chez les principaux libraires de Bretagne.

Hood, le célèbre *Outlaw*, n'ont été nommés par le chroni-
queur, ni célébrés par les poètes contemporains. Ces trois
héros populaires sont à peu près du même temps, de la fin
du XIIIᵉ siècle, et les ballades qui les concernent n'apparais-
sent qu'environ 150 ans après leur mort.

En examinant la préface de la sixième édition du *Barzaz-
Breiz*, j'y trouve :

1° « Pour rendre ce travail à la fois plus complet et digne
« d'un intérêt vraiment *littéraire* et *philosophique*, aucun
« soin n'a été épargné.» (Page IV, lig. 8 et suiv.)

Si, en effet, il ne s'agissait que de *littérature* et de *philosophie*, il n'y aurait rien à redire au charmant livre du
Barzaz-Breiz. Mais, comme on le sait, la véritable préoccupation de l'auteur, dans tout le cours de l'ouvrage, c'est
le caractère *historique* et *philologique*, et l'ancienneté des
pièces qui le composent, et voilà où est tout le mal.

Je cite encore :

2° « Celles (les pièces) que j'ai puisées dans le porte-
» feuille d'érudits bretons, qui m'ont libéralement permis de
» compléter mes recherches au moyen des leurs, n'étaient
» pas moins purement orales.» (Page V, ligne 4).

Donc tout n'a pas été recueilli par l'éditeur lui-même,
et dès lors la garantie d'authenticité absolue échappe, à lui
comme à nous. Si du moins on retrouvait ces pièces dans
le portefeuille des érudits dont il parle, telles que nous les
présente le *Barzaz-Breiz*; mais non, malheureusement. On
peut l'affirmer, du moins pour ce qui regarde la collection du
regrettable M. de Penguern, qui est certainement celle à
laquelle l'auteur du *Barzaz-Breiz* a le plus d'obligations.
M. de Penguern était un homme dans la sincérité duquel
on pouvait, j'en suis convaincu, avoir pleine confiance, et on
le voit bien, du reste, par les rares pièces de sa belle collec-
tron qui ont paru dans les *Mémoires de la Société archéologique des Côtes-du-Nord*, année 1867, grâce aux soins
du savant président de cette société, M. Hippolyte du Cleu-

ziou. Ces pièces, dont la plus importante me semble être
« *Les Vêpres des Grenouilles*» (*Gousperou ar Raned*), sont
parfaitement d'accord avec les versions que j'en ai recueillies
moi-même, et l'on peut affirmer qu'elles ont été présentées
au public telles que le collecteur les a réellement trouvées
dans le peuple. Mais quelle différence entre les *Gousperou
ar Raned* de M. de Penguern et les *Rannou* ou « Les Séries »
qui est la pièce correspondante dans le *Barzaz-Breiz* ! J'ai
moi-même recueilli plusieurs versions de ce chant bizarre et
mystérieux comme dans presque tous les coins de la Basse-
Bretagne, et toujours sous le titre de : *Gousperou ar Raned*,
ou « Vêpres des Grenouilles.» Mais je dois avouer que, de la
comparaison et de l'étude de toutes ces versions, qui sont
nombreuses, il me serait impossible de constituer un chant
présentant quelque suite et un sens quelconque un peu rai-
sonnable, même en y mettant de la bonne volonté. M. de La
Villemarqué y a cru voir toute une récapitulation, en douze
chants et douze réponses, des doctrines druidiques sur le
destin, la cosmogonie, la géographie, la chronologie, l'astro-
nomie, la magie, la médecine, la métempsycose,... et beaucoup d'autres choses. Quant à moi, je le répète, je n'y ai
rien vu du tout. Je reconnais pourtant que la diffusion de la
pièce dans toutes les parties de la Bretagne, et aussi le mystère, l'obscurité complète qui y régnent, semblent plaider en
faveur d'une origine reculée. Mais faut-il remonter jusqu'aux
druides pour trouver cette origine ? C'est ce qu'il me
semble bien téméraire d'affirmer. Pour moi, je n'ai rien trouvé
dans mes versions qui puisse justifier une telle attribution,
et jamais le mot « druide » ou *drouiz* n'a été prononcé
devant moi par un paysan breton, ni dans les « Vêpres des
Grenouilles » ni ailleurs. Il faut dire encore que le même
chant existe chez presque tous les peuples de l'Europe, et
même parmi les poésies religieuses des Hébreux, m'écrit
M. F. Liebrecht, professeur à l'Athenæum de Liége, ce qui
lui enlève le caractère druidique qu'on a cru y reconnaître.

M. Thalès Bernard m'en a aussi adressé une version qu'il a recueillie chez les Slaves.

J'aurais voulu pouvoir m'arrêter plus longtemps sur cette pièce curieuse, et faire ici une étude comparée des nombreuses versions que j'en possède ; mais le cadre de mon travail ne me le permet pas. (1)

Je sais que d'autres extraits de la collection de M. de Penguern ont été publiés ailleurs, et quelques-unes de ces pièces, comme les *Moines de l'Ile Verte* et la *Vieille Ahès*, bien qu'elles aient fait pendant quelque temps autorité dans la science, sont entièrement fabriquées. Je connais cette question des chants populaires bretons dans toutes ses ramifications et tous ses détails, et l'auteur des pastiches auxquels je fais allusion était mon ami. Il ne songeait certainement pas à mal, le pauvre poète, et ne se doutait pas de la gravité

(1) — A l'époque du Congrès celtique international de 1867, j'avais amené à Saint-Brieuc 25 paysans bretons des environs de Lannion, pour y représenter le mystère breton de Sainte-Tryphine. Tous les matins, pendant leur séjour dans la ville, j'allais les voir à l'auberge où ils étaient descendus, et je les trouvais ordinairement réunis dans une grande salle, repassant et déclamant leurs rôles. Je m'enquérais auprès d'eux des vieilles ballades et autres traditions qu'ils connaissaient. Un d'eux me chanta une version des « Vêpres des Grenouilles. » Après que je l'eus transcrite, je lui demandai ce que tout cela signifiait. Il me répondit franchement qu'il n'y comprenait rien. Je fis la même question à plusieurs autres, et tous me firent la même réponse. Cependant, il y en eut un qui me fit ce raisonnement : « Ce sont les Vêpres des grenouilles, n'est-ce pas ? — Oui, répondis-je. — Comprenez-vous le langage des grenouilles ? — Non, vraiment. — Eh bien, c'est la même chose, on ne doit rien comprendre à leurs vêpres non plus, sans connaître leur langue. » Je suis obligé, quant à présent, de m'en tenir à cette réponse, et je soupçonne cette fameuse pièce de n'être qu'un jeu de paysans s'amusant à trouver des rimes riches (car il faut remarquer que les rimes sont en général fort riches) à tort et à travers, sans se soucier d'y mettre un sens quelconque. Je connais plusieurs pièces de ce genre en breton. Le *Gousperou* est peut-être une imitation de la pièce latine et chrétienne que l'on chantait autrefois, dit-on, dans les séminaires, comme exercice de mnémotéchnie, pour mieux retenir les vérités principales de l'ancien et du nouveau Testament.

Dans quelques localités, comme à Prat et à Trézélan, des femmes m'ont assuré que les prêtres leur défendaient, dans le confessional, de chanter *Gousperou ar Raned*, ce qui donnerait à penser que ces prêtres y voyaient ou une parodie du chant des vêpres de l'église catholique, ou peut-être aussi un écho persistant, bien que devenu incompréhensible, d'un culte païen ?

réelle et des conséquences ultérieures de ce jeu d'esprit. S'il vivait encore, je suis certain qu'il aurait franchement et loyament avoué cette habile supercherie, où il entrait une pointe de malice et d'amour-propre d'auteur seulement. Il ne faisait, du reste, que suivre un exemple déjà célèbre alors, et qui valait à son auteur honneur et gloire ; et l'honneur et la gloire ont tant de séductions pour les poètes ! Aussi mon avis est qu'il faut être indulgent pour sa mémoire ; il est mort trop tôt pour pouvoir dévoiler lui-même sa fraude, bien innocente dans son esprit.

M. de Penguern ne savait qu'assez médiocrement le breton, et cela le mettait dans l'obligation de recourir à d'autres personnes, et pour recueillir les *Gwerziou*, les *Soniou* et les proverbes de nos campagnes, et aussi pour les traduire, il s'était ainsi adjoint un traducteur plus exercé que lui dans sa langue nationale. (1)

Il faisait lui-même les annotations et les commentaires, et, d'après ce que nous en savons, il s'y laissait aller aussi à bien des chimères, à bien de téméraires interprétations. Un de ses meilleurs collecteurs était un porteur de contraintes de Lannion, nommé Le Danctec, que j'ai bien connu, et, plus d'une fois, il nous est arrivé de puiser aux même sources (2).

Je me suis un peu attardé à propos de la collection de M. de Penguern, sans sortir cependant de mon sujet, et je crois que ces explications ont leur utilité dans la question.

---

(1) — G. René Kerambrun, né à Prat, auteur de différents travaux littéraires publiés dans les journaux et les *revues*, à Paris et en Bretagne, de 1835 à 1850. *Sa Prêtresse de l'île de Sein,* et surtout son poème sur la ville d'Is, en français, sont des morceaux vraiment remarquables.

(2) — Après avoir été, pendant trois ans, pour un tiers dans la propriété des manuscrits bretons de M. Penguern, avec MM. H. du Cleuziou et le docteur Halléguen, j'ai cédé ma part, sans avoir jamais eu communication que de deux pièces de la collection, des proverbes arbitrairement attribués à Gwenc'hlan et la ballade *Les Loups de mer*, que j'ai insérée dans le 1er volume de *Gwerziou Breiz-Izel,* page 72, et qui est un pastiche composé par G. René Kerambrum.

M. de La Villemarqué dit encore dans sa nouvelle préface :

3° « Dans la masse des matériaux ainsi obtenus, et qui
» feraient bien des volumes, les uns étaient remarquables
» au point de vue de la mythologie, de l'histoire des vieilles
» croyances, ou des anciennes mœurs domestiques ou na-
» tionales ; d'autres n'avaient qu'une valeur poétique : quel-
» ques-unes n'en offraient sous aucun rapport. J'ai donc été
» forcé de choisir, mais je n'ai pas craint d'être trop sévère
» et de me restreindre extrêmement, me rappelant l'avis d'un
» maître (Sainte Beuve), que la discrétion, le choix, sont le
» secret de l'agrément en littérature. » (Préface, page V.)

En *littérature* d'accord : mais il s'agit ici encore, et même
au premier chef, d'histoire et de philologie, et, alors nous
ne saurions approuver cet excès de discrétion. Cette méthode
est, à juste titre, condamnée par le critique.

Je cite encore :

4° « Les versions les plus détaillées ont toujours fixé
» mon choix .... La seule licence qu'il (l'éditeur) puisse
» se permettre, est de substituer à certaines expressions
» vicieuses, à certaines strophes moins poétiques, les stances,
» les vers ou les mots correspondants des autres leçons. Telle
» a été la méthode de Walter-Scott ; je ne pouvais suivre un
» meilleur guide ». (Préface, page. VI.)

Ce sont encore là des principes qui sont en contradiction
avec une bonne méthode critique, qui condamne sévè-
rement le *contaminare fabulas*. Je ne saurais mieux le
prouver qu'en citant les paroles d'un écrivain bien compé-
tent dans la matière, et à propos de ce passage même, en rendant compte de la dernière édition du *Barzaz-Breiz* :

« Mais une telle licence n'est nullement légitime ; le
» couplet rejeté comme « moins poétique », peut contenir
» un trait important ; il n'est pas plus permis de mélanger
» les versions d'un chant populaire que les différentes rédac-
» tions d'une chronique. Procéder de la sorte, c'est livrer à

» la critique des matériaux dont elle devra sans cesse se
» défier. « Telle a été la méthode de Walter Scott », ajoute
» M. de La Villemarqué ; « je ne pouvais suivre un meil-
» leur guide ». Il faut dire, au contraire, qu'il n'en est pas
» de plus dangereux, et ajouter aussitôt que Walter Scott a
» publié son *Minstrelsy of the Scottish Border* en 1802.
» Admettrait-on maintenant qu'un éditeur prît avec les an-
» ciens textes les libertés que le même Walter Scott s'est
» données à l'égard de *Sir Tristrem* ? D'ailleurs, on est
» en droit de suspecter la valeur des principes qui ont guidé
» M. de La Villemarqué dans ses choix, lorsqu'on le voit
» opter en faveur d'une version en dialecte de Léon de telle
» ballade, simplement parce que ce dialecte est plus élégant
» que celui de Cornouaille ». (1)

5°. — « Les pièces de chaque catégorie, » — dit encore
M. de La Villemarqué (pag. VI), — « ont été rangées, les
» unes par ordre d'idées, les autres par ordre chronologique.
» Si elles contenaient un plus grand nombre d'idées et de
» souvenirs du passé, elles justifieraient le titre du recueil,
» qui serait véritablement alors le *Barzaz-Breiz*, ou l'his-
» toire poétique de la Bretagne. » (Pag. VI.)

C'est un demi-aveu. Pourquoi n'être pas allé jusqu'au
bout ? Il n'y avait plus qu'un pas à faire. C'est bien cela :
M. de La Villemarqué a voulu mettre toute l'histoire de Bretagne en ballades, comme ce poète de la cour de Louis XIV
(Benserade, je crois), qui voulait mettre toute l'histoire de
France en rondeaux. Et en effet, il est peu d'événements
importants, ou d'hommes célèbres de notre ancienne histoire nationale, à qui il n'ait attribué un chant épique. Or,
l'histoire générale et ses héros, ai-je déjà dit, sont rarement
l'objet des chants du peuple.

Le clergé des XVIe, XVIIe et XVIIIe siècles est, généralement,
assez maltraité dans nos poésies populaires, et j'ai recueilli

(1) — G. Paris, *Revue critique*, 2e année (1867), tom. I, page 107.

un grand nombre de pièces, qui paraîtront dans mon second volume de *Gwerziou*, et qui ne sont pas faites pour donner une idée avantageuse de ses mœurs et de sa moralité, dans les trois siècles qui nous ont précédés. M. de La Villemarqué a omis, systématiquement, toute cette catégorie de poésies, nombreuses et fort répandues, et a voulu faire croire ainsi qu'elles n'existaient pas. Or, l'historien consciencieux ne doit pas user de semblables procédés. A quoi bon dissimuler, du reste ; la vérité finit toujours par se manifester, tôt ou tard.

M. de La Villemarqué dit encore :

6° — « Le commentaire dont chaque chanson est suivie » offre encore plus de difficultés que la traduction. Je me » suis efforcé de le rendre digne d'une critique sérieuse et » éclairée. » (On ne s'en douterait vraiment pas.) « J'ose » espérer que les personnes vraiment versées dans l'histoire » des idées et des faits chez les Bretons ne trouveront pas » trop souvent la mémoire populaire de nos poètes en dé- » saccord avec cette histoire, et ne se refuseront pas à » reconnaître avec moi la vraisemblance de certains rapports » historiques qu'un scepticisme outré a pu seul repousser. » En tout cas, je n'ai cherché que la vérité. Quand on sait « combien elle est belle, commode même, » — a dit l'illustre historien du *Consulat et de l'Empire*, — « car elle explique » tout, on ne veut, on n'aime, on ne poursuit qu'elle, ou » du moins ce qu'on prend pour elle ! » (Pag. IX.)

Tant il est vrai que lorsqu'on se sent un endroit faible, on finit presque toujours par le trahir soi-même, par excès de précautions !

Mais revenons à l'accord parfait qui existe entre l'histoire et les belles ballades du *Barzaz-Breiz*.

Je l'ai déjà dit, — M. de La Villemarqué a voulu avoir une ballade pour chacun des évènements et des hommes marquants de notre histoire nationale, depuis les druides jusqu'à nos jours, et, comme ces pièces faisaient défaut pour

les époques un peu reculées, il a fallu.combler cette lacune.
On serait tenté de croire que sa manière de procéder ait été
la suivante : — par exemple, — il fallait un chant national
se rapportant à Noménoë, un des noms les plus glorieux de
notre histoire ; un autre sur le combat des Trente ; un autre
sur la *Jeune Epouse de Saint-Malo*, puisque Marie de
France avait désigné ce sujet, longtemps à l'avance, etc...
Il se mettait à faire des recherches sur ces sujets, dans les
historiens et les chroniqueurs, les trouvères, les romans
de chevalerie, etc., puis, quand il avait rassemblé ses notes,
après le travail de l'érudit, venait celui du poète, et il composait ces belles ballades, si poétiques, si régulières, si com-
plètes, ordinairement, d'un goût si épuré et d'une inspiration
si élevée, trop élevée pour des temps à demi-barbares ;
enfin, si parfaitement d'accord avec l'histoire. Et il nous dit
alors : Voyez comme ces poésies du peuple sont d'accord
avec les auteurs ! Les chanteurs étaient nécessairement des
contemporains, des hommes et des choses. Et il vous demande
encore :

« Le poète armoricain qui chante la vendange armée des
» Bretons sur le territoire des Franks, n'est-il pas d'accord
» avec Grégoire de Tours, victime de leurs pillages ? Quel
» autre qu'un contemporain aurait pu savoir que les vain-
» queurs de la bataille des Trente portaient à leurs casques
» des fleurs de genêts cueillies dans la verte genêtaie que
» *l'histoire du temps* place auprès du lieu du combat ? »
— Et ainsi des autres chants.

De même pour la preuve philologique. Des mots anciens
et tombés en désuétude ont été habilement enchassés dans des
textes d'une forme et d'une langue plus modernes, afin de
pouvoir les présenter comme des vestiges restés des textes
primitifs, malgré les altérations nombreuses subies par les
pièces, en traversant les siècles ; et on ne manque jamais de
les faire remarquer et de les faire valoir comme preuves de
l'ancienneté des pièces. C'est là, du reste, un procédé

famillier aux faiseurs de pastiches de tous les temps et de tous les pays.

Eh bien, c'est cet accord même avec ce que nous savons du passé, par les historiens et les chroniqueurs anciens, et la rencontre dans les ballades du *Barzaz-Breiz* des mêmes faits envisagés et jugés de la même manière, des mêmes incidents, des mêmes détails, sans nous faire connaître rien de nouveau, — qui nous donnent de sérieux et légitimes soupçons. Un critique très-érudit et très-compétent en ces matières, et que j'ai déjà cité, me semble avoir dit avec beaucoup de raison : — « On peut dire en thèse générale que,
» quand des documents, de quelque nature qu'ils soient, se
» présentant sans garanties *absolues*, sont justement ce
» que, dans l'état de nos connaissances, nous aurions pu
» fabriquer, ou que nous aurions simplement attendu, —
» ces documents sont presque toujours faux. C'est ainsi
» qu'un fabricateur sarde, voulant illustrer l'histoire litté-
» raire de son île, il y a deux mille ans, a publié des rensei-
» gnements curieux sur le *Sardus ille Tigellius* d'Horace,
» et même des vers de ce chanteur du temps d'Auguste. On
» aurait pu parier, à coup sûr, que Tigellius, le seul auteur
» sarde aussi anciennement connu, ferait les frais d'une
» partie de ce faux..... En général, les documents authenti-
» ques modifient, le plus souvent démentent sur certains
» points les informations précédentes ; on ne trouve jamais
» exactement ce qu'on croit y trouver, et ceux qui répon-
» dent trop bien à notre attente ont, presque toujours, de
» bonnes raisons pour cela. » (1)

De même que le *Sardus ille Tigellius* dont on vient de parler a trouvé quelqu'un qui a prétendu nous faire connaître ses vers, perdus depuis près de deux mille ans, de même j'aurais été bien étonné que M. de La Villemarqué n'eût pas retrouvé la jolie ballade « Le Rossignol » (p. 151

____

(1) G. Paris, *Revue critique*, 1866, tom. 11, page 219.

et suiv., 6ᵉ édit.), puisque Marie de France avait signalé son existence, et l'avait même imitée :

> Une aventure vous dirai,
> Dont les Bretons firent un lai
> Laustic ad nun c'eo m'est avis.

mais je défie bien qui que ce soit de trouver la moindre trace de cette jolie chanson dans le peuple, en Bretagne.

On me dira, sans doute : — « Mais les chants populaires s'éteignent et disparaissent peu à peu, et il n'est pas bien étonnant, après tout, que, malgré toutes vos recherches, vous n'ayez pas toujours été aussi heureux que M. de La Villemarqué, et votre insuccès ne peut être, en tous cas, une raison décisive contre l'authenticité de son recueil ; — et puis, peut-être, n'avez-vous bien exploré que le pays de Tréguier, qui est le vôtre ?..

A cela je répondrai : — Il est vrai, les chants populaires finissent et disparaissent aussi, comme tout dans ce monde, — mais lentement, lentement. Je veux bien admettre qu'il en ait disparu quelques-uns depuis 40 ou 50 ans, quoique bien peu assurément. Il n'en est pas moins vrai qu'il me paraît bien étrange que, vers 1835 ou 36, — mettons 1820 ou 1810 même, pour sa mère, — M. de La Villemarqué ait eu la bonne fortune de trouver complets de vieux chants remontant jusqu'au vᵉ siècle, — ou, du moins, suffisamment de fragments épars de tous les côtés pour reconstituer ces chants dans leur intégrité primitive, — et qu'aujourd'hui on ne retrouve pas un couplet, pas même un vers d'un grand nombre d'entr'eux ! Pour des époques aussi reculées, j'admettrais, à la rigueur, qu'il se fût conservé jusqu'à nous quelques fragments, quelques lambeaux épars, très-courts, et qu'en les rassemblant, avec beaucoup de peine, on pût arriver à reconstituer des chants, des poëmes, non pas complets encore, mais néanmoins suffisants pour donner une idée de ce qu'ils pouvaient être à l'origine ; mais il serait impossible d'expliquer comment, ayant pu vivre durant un grand nombre de siècles, ces mêmes fragments, sans secousse profonde et subite éprouvée par la nation, comme une invasion étrangère, par exemple, et la perte de l'idiôme national, auraient pu disparaître complètement, et sans laisser aucune trace, dans un intervalle de temps relativement si court. Enfin, j'irai jusqu'à admettre que quelques anciennes pièces, trois ou quatre, par exemple, aient pu disparaître entièrement dans un demi-siècle au plus ; mais mes concessions ne peuvent pas aller plus loin, et je ne croirai jamais qu'une vingtaine des pièces les plus anciennes et généralement les plus belles du *Barzaz-Breiz*, aient pu mourir ainsi subitement. — Quoi ! ces pièces se seraient conservées, depuis tant de siècles, dans un état suffisant pour permettre, à l'aide de différentes versions, de les reconstituer dans leur intégrité première, ou à peu près ; puis, M. de La Villemarqué serait arrivé à temps, juste, pour les recueillir, après quoi elles auraient disparu complètement et pour toujours ! Vraiment, ce serait si extraordinaire, et si contraire aux lois de la poésie populaire chez tous les peuples, que personne ne voudra y croire. Depuis vingt-cinq ans, et plus, je m'occupe de recueillir des poésies et autres traditions populaires de toute sorte dans la Bretagne bretonnante, et j'en ai rassemblé un nombre considérable ; eh bien ! malgré cela, je puis affirmer qu'il n'est pas une seule de ces pièces qu'il ne soit possible de retrouver encore, et dans l'état que je l'ai recueillie, ou à très-peu de chose près, qu'il y ait vingt-cinq ans, ou seulement un an de cela.

Il est peu de communes de la Bretagne bretonnante que je n'aie visitées, et à plusieurs reprises, séjournant dans les différents quartiers, et si c'est le pays de Tréguier qui m'a fourni le plus de matériaux, c'est que c'est, de beaucoup, la partie de la Bretagne la plus riche en traditions orales de toute nature. C'est encore là que l'on trouve de nombreux manuscrits de mystères bretons, que l'on représentait autrefois dans nos campagnes, et le peu qu'on en rencontre dans

le Finistère, — à Morlaix seulement, — vient aussi presque
toujours des Côtes-du-Nord. (1)

On me dira encore : — « Ne craignez-vous pas, en attri-
buant à M. de La Villemarqué les plus belles pièces de son
Barzaz-Breiz, de faire de lui un grand poète, et de lui
accorder ainsi plus de valeur littéraire que n'en comporte
ordinairement le rôle, déjà fort méritoire, d'excellent collecteur et éditeur de poésies populaires ? »

Je répondrai à cette question sans difficulté, — qu'il ne
me coûte rien de reconnaître à M. de La Villemarqué beaucoup de qualités littéraires, — du goût, de la distinction, une
forme agréable et correcte, et surtout de l'imagination ;
mais ce que je lui refuse, c'est le sens critique, dont on ne
saurait pourtant se passer dans les travaux scientifiques et
historiques.

J'aurais voulu pouvoir parler avec plus de détails, et d'une
manière plus précise, d'un certain nombre des pièces du
Barzaz-Breiz, de manière à faire dans chacune d'elles
la part de l'éditeur et celle de la tradition populaire (2) ;
mais, obligé de me renfermer dans des limites plus modes-
tes, je dois y renoncer quant à présent, et me borner à un
seul exemple.

Je prendrai la ballade de Rozmelchon des *Gwerziou Breiz
Izel* ou *Chants populaires de la Basse-Bretagne*, page 319,

(1) - J'ai déposé à la bibliothèque nationale, à Paris, une cinquantaine de
manuscrits de mystères bretons, presque tous recueillis dans les campagnes
des arrondissements de Lannion et de Guingamp.

(1) - Ce travail a déjà été fait pour quelques pièces. Voir un remarquable
travail de M. F. Liebrecht dans : *Gottingische gelehrte Anzeigen* ou *Annonces
Savantes de Gœttingue*, 7 avril 1869. — Et les analyses de M. D'Arbois
de Jubainville, *Revue archéologique*, livr. de Mars 1868. — *Bibliothèque de
l'Ecole des Chartes*, décembre 1869. — *Revue critique*, 1867, liv., 16 fév.,
pag. 100 et suiv. ; liv. 23 novembre 1867, pag. 321 ; livrais. 3 octobre 1868,
pag. 213 — *Revue Archéologique*, livr. août 1868. — Vallet de Virivile,
2e série de la *Bibliothèque de l'Ecole des Chartes*, t. II, pag. 280-283. — Voir
également une note fort vive, de M. Le Men, archiviste du Finistère, dans la
préface de sa réédition du *Catholicon* de Jehan Lagadeuc, et un travail plus
étendu du même, dans l'*Athenæum* anglais du 11 avril 1868.

et celle qui lui correspond dans le *Barzaz-Breiz*, page 212, et que M. de La Villemarqué intitule : *La filleule de Du Guesclin*, faisant intervenir ainsi, bien arbitrairement, à mon avis, le nom et le souvenir du grand connétable. Je possède plusieurs versions du chant de Rozmelchon; je donne de préférence celle qui se rapproche le plus de la pièce de *Barzaz-Breiz*.

ROZMELCHON

(Traduction littérale)

I

— Petite Marguerite, mettez-vous au lit,
Afin de vous lever demain, de bon matin ;
Afin de vous lever demain, de bon matin,
Pour porter du lait à l'écobue. (1)

— La petite Marguerite Jord disait,
A sa mère, le lendemain matin :

— Ma pauvre petite mère, si vous m'aimez,
Vous ne m'enverrez pas à Kervezelec ;
Ne m'envoyez pas à Kervezelec,
Car je suis menacée par Rozmelchon.

— Vous irez de bon matin,
Quand Rozmelchon sera encore dans son lit ;
Et sur votre tête un pot au lait,
Entouré d'une guirlande de fleurs. —

II.

Le palefrenier disait
A Rozmelchon, un matin :

---

(1) -- *Ecobue,* opération agricole; sorte de défrichement auquel sont ordinairement convoqués tous les gens du voisinage ; c'est pour cela qu'on l'appelle aussi : *grand jour.*

— Maître, maître, levez-vous, vite !
Je vois une jeune fille sur pied ;

Mon maître, levez-vous de votre lit,
Je vois une jeune fille au bout de l'avenue ;

Je vois la plus jolie jeune fille,
Qui jamais porta coiffe de lin ;

Et sur sa tête est un pot au lait,
Avec une guirlande de fleurs autour ;

Et elle a aux pieds des chaussures
Qui sont garnies de rubans. —

Quand Rozmelchon entendit cela,
Il se rendit au bout de l'avenue ;

Il s'est rendu au bout de l'avenue,
Et il a salué la petite Marguerite Jord :

— Petite Marguerite, croyez-moi,
Et venez déjeuner avec moi.

— Merci, monseigneur, répondit-elle,
Car j'ai déjà déjeuné ;

J'ai déjà bien déjeuné,
Avant de quitter la maison de mon père ;

Monseigneur, j'ai déjà déjeuné,
Et c'est à Kervezelec que je dînerai ;

C'est à Kervezelec que je dînerai,
Et je m'asseoirai à la table du seigneur ;

A la table du seigneur et de la dame,
Ceux-là m'aiment du fond de leur cœur.

— Petite Marguerite, croyez-moi,
Et venez avec moi dans mon jardin ;

Venez avec moi dans mon jardin,
Pour choisir un bouquet de fines fleurs ;

Pour choisir un bouquet de fines fleurs
De marjolaine et de thym ;

De marjolaine et de thym,
Pour mettre sur votre poitrine (à votre corset.)

— Je ne suis plus la fille aux bouquets,
Le fils aîné du seigneur (de Kervezelec) est mort.

— Si le fils aîné du seigneur est mort,
Ce n'est pas à vous de porter son deuil.

— Nous sommes enfants du frère et de la sœur,
Songez, seigneur, quelle proche parenté !

— Petite Marguerite, croyez-moi,
Et venez avec moi dans mes chambres ;

Venez avec moi dans mes chambres,
Pour choisir des poires et des pommes ;

Pour choisir des poires et des pommes,
Vous en aurez autant que vous voudrez.

— Retirez-vous, monseigneur, que je passe,
C'est péché à vous à mon sujet.

Si mon frère, dit-elle, le savait,
Il vous mettrait en pièces, chair et sang ;

Si mon frère nourricier Kerninon le savait,
Il ferait refroidir votre sang ! (il vous tuerait).

— Je me moque autant du fils de Kerverzino
Comme de la boue de mes souliers !

— Depuis ce matin nous sommes ici,
Et le soleil est près de se coucher !

— Je voudrais qu'il fût nuit close,
Et avoir la petite Marguerite pour la nuit....

. . . .

— La petite Marguerite disait
A la gouvernante, cette nuit-là :

— Gouvernante, si vous m'aimez,
Faites que j'aille coucher avec vous.

La gouvernante répondit
A la petite Marguerite, quand elle l'entendit :

— C'est à la table de monseigneur que vous souperez,
Et c'est dans son lit que vous coucherez !

III.

La petite Marguerite disait,
En arrivant dans la chambre (du seigneur) :

— Je vois là une pomme jaune,
Si j'avais un couteau, je la pèlerais.

Rozmelchon, à ces mots,
Lui donna le choix de trois couteaux :

Un à manche noir, un à manche blanc,
Et un autre en or jaune soufflé.

C'est celui à manche noir qu'elle a pris,
Et elle se l'est enfoncé dans le cœur !

Quand Rozmelchon se détourna,
La jeune fille était étendue la bouche contre terre !..

— Si je ne craignais de damner mon âme,
Tu ne serais pas allée vierge devant Dieu ! —

Chanté par Marguerite PHILIPPE,
De Pluzunet (Côtes-du-Nord).

Voilà la vraie ballade populaire, avant toute retouche.
La voici maintenant épurée et perfectionnée par un homme
de goût et de savoir, un académicien, enfin, et rattachée à
un grand nom historique :

LA FILLEULE DE DU GUESCLIN.

I.

Le soleil paraît, le jour luit, la rosée brille sur les épines blanches
de la haie ;

De la haie élevée du grand château de Trogoff, où les Anglais
règnent encore.

La rosée brille sur les fleurs de l'épinaie ; à cette vue, le soleil se
voile le front ;

Car, en vérité, ce n'est pas la rosée du ciel, c'est une rosée de
sang ;

De sang pur qu'a versé Rogerson, le plus méchant fils d'Anglais
qu'il y ait dans la vallée. —

II.

— Marguerite, ma belle enfant, vous êtes alerte, vous êtes vive ;
Vous vous lèverez demain, de grand matin, pour aller porter du
lait aux laboureurs qui travaillent à l'écobue.

—Ma bonne petite mère, si vous m'aimez, ne m'envoyez pas à l'écobue,

A l'écobue ne m'envoyez pas : vous ferez jaser les méchants.

Envoyez-y ma sœur aînée, ou ma petite sœur Franseza ;

Bonne petite mère, je vous en prie : Rogerson me guette.

— Vous guettera qui voudra ; vous êtes priée : vous irez ;

Vous vous lèverez avant le jour ; le seigneur sera encore au lit. —

III.

Marguerite disait à son père et à sa mère, le lendemain matin ;

En prenant son pot au lait, Marguerite disait :

— Adieu, mère, adieu père ; mes yeux ne vous reverront plus ;

Adieu, ma sœur aînée, adieu, ma petite sœur Franseza.

Or, comme la bonne petite fille allait au champ, le long du bois,

Proprette, légère, pieds nus, son pot au lait sur la tête,

Rogerson, du haut de la tour du château, la vit venir de loin :

— Eveille-toi, mon page, et lève-toi vite, que nous allions chasser un lièvre,

Chasser un petit lièvre blanc, qui porte un pot au lait sur sa tête.

IV.

Quand la jeune fille passa le long des douves, le seigneur était à l'attendre.

A l'attendre auprès du pont-levis; si bien qu'elle tressaillit d'épouvante,

D'épouvante, en l'apercevant, et renversa son pot au lait.

Voyant cela, la pauvre fille se mit à pleurer amèrement.

— Taisez-vous, ma sœur, ne pleurez pas, on vous trouvera un autre pot au lait ;

Approchez, et allons déjeuner, tandis qu'on le préparera.

— Beau seigneur, je vous remercie ; j'ai déjeuné, bien déjeuné.

— Alors venez au jardin, venez cueillir de belles fleurs,

Venez cueillir une guirlande pour orner votre pot au lait.

— Je ne porte point de fleurs, je suis en deuil cette année.

— Alors venez aux vergers, venez manger des fraises rouges comme une braise.

— Je n'irai point manger des fraises ; sous les feuilles, il y a des couleuvres.

J'entends l'appel des laboureurs de l'écobue : ils disent que je suis paresseuse ;

Ils demandent où je suis restée avec mon petit pot au lait caillé.

— Vous allez sortir à l'instant, quand votre pot au lait sera prêt ;

On s'en occupe, Marguerite ; venez voir à la laiterie.

En franchissant le seuil du château, la jeune fille tressaillit ;

La pauvre petite devint blanche comme la neige, quand la porte se ferma derrière elle.

— Ma mignonne, n'ayez pas peur, je ne vous ferai aucun outrage.

— Si vous ne songez pas à m'outrager, pourquoi changez-vous de couleur ?

— Si je change de couleur, c'est que l'air du matin est vif.

— Ce n'est point, seigneur, l'air du matin, c'est le mauvais désir qui vous fait pâlir.

— Taisez-vous, petite sotte ! venez au fruitier choisir un fruit.

Quand ils furent dans le fruitier, elle prit une pomme rouge :

— Seigneur Rogerson, donnez-moi, s'il vous plaît, un couteau ;

Donnez-moi un couteau pour peler cette pomme.

— Si vous désirez un couteau, allez à la cuisine, et vous en trouverez un ;

Il y en a un sur la table de chêne ; il a été aiguisé ce matin.

La petite Marguerite dit au vieux cuisinier, en entrant :

— Cher cuisinier, je vous en prie, délivrez-moi ! faites-moi sortir d'ici !

Hélas ! ma fille, je ne le puis ; le pont du château est levé.

— Si l'homme à la tête frisée comme un lion savait que je suis captive de Rogerson ;

Si mon bon parrain savait cela, il ferait couler du sang.

V.

Cependant Rogerson demandait à son page, à quelque temps de là

— Où donc reste Marguerite, qu'elle ne revient pas ici ?

Elle était dans la cuisine, il n'y a qu'un moment, en sa petite main blanche un couteau ;

Et elle parlait ainsi : « Que ferai-je, Jésus, mon Dieu ?

« Mon Dieu, dites-moi, me tuerai-je ou ne me tuerai-je pas ?

« A cause de vous, Vierge Marie, je mourrai vierge, sans souillure. »

Maintenant elle est couchée sur la face, dans une mare de sang ;

Le grand couteau dans le cœur, et appelant son parrain :

— « Le seigneur Guesclin, mon parrain, celui-là me vengera ! »

Mon petit page, ne dis mot : viens me la couper par morceaux dans un panier,

Et j'irai la jeter dans la rivière, demain quand chantera l'alouette.

Or, en revenant de la rivière, il rencontra le parrain de la jeune fille ;

Il rencontra le seigneur Guesclin, la face verte comme l'oseille.

— Rogerson, dites-moi, d'où venez-vous avec ce panier ?

— Je reviens de la rivière, de noyer quelques petits chats.

— Ce n'est pas le sang de chats noyés qui coule de votre panier !

Seigneur Anglais, répondez-moi, n'avez-vous pas vu Marguerite ?

— Je n'ai pas vu Marguerite depuis le pardon de Saint-Servet.

— Tu mens, traître, car tu l'as tuée hier soir !

Tu déshonores la noblesse autant que la chevalerie !

Rogerson, à ces mots, tira son épée :

— Tu vas voir, je pense, à l'instant, si je déshonore la noblesse :

Tu vas voir à l'instant, vassal, si je suis indigne du nom de chevalier.

Or sus ! or sus ! pas de quartier ! en garde ! si tu as du loisir !

— J'ai eu du loisir, et j'en ai pour jouer au jeu des combats avec des hommes de cœur ;

J'ai joué à ce jeu et j'y jouerai, mais je n'y joue pas avec des assassins de filles :

En quelque endroit que j'en rencontre, je les assomme comme des chiens.

En achevant ces mots, il éleva sa grande épée ;

Et il en frappa un coup sur la tête de l'Anglais, et il le fendit en deux.

VI.

Rogerson a été tué : le château de Trogoff est détruit ;

Elle est détruite la forteresse de l'oppresseur : bonne leçon pour les Anglais !

Pour les Anglais bonne leçon ! bonne nouvelle pour les Bretons !

On voit clairement le procédé de l'auteur. D'abord, le début de la ballade, si frais, si poétique, a été ajouté, et est entièrement supposé ; on n'en trouve aucune trace dans les nombreuses versions que j'ai recueillies de ce chant. Puis, pour avoir une chanson se rattachant à un événement et à un homme célèbres de notre histoire, les noms de Du Guesclin, de Rogerson, du château de Trogoff, qui fut en réalité pris par Du Guesclin, ont été substitués à d'autres noms plus obscurs. Ensuite, on a élagué soigneusement tout ce qui était trop vulgaire, ou grossier et sentait par trop la barbarie des mœurs féodales, pour le remplacer par des tons moins crus et moins violents. On s'est aussi souvenu, à propos, de la Perrette de La Fontaine :

> Perrette
> Sur sa tête,
> Portant un pot à lait,
> Bien posé sur un coussinet...
> . . . .
> Légère et court vêtue, etc...

Enfin, on a choisi, avec beaucoup de goût, il faut le reconnaître, des épisodes, des couplets, des vers isolés dans plusieurs versions, et l'on est arrivé, de la sorte, à composer un petit poëme fort agréable, fort intéressant, et auquel il n'y a rien à redire au point de vue littéraire et poétique. Mais l'histoire !...

L'épisode de l'entrevue de Du Guesclin et de Rogerson me paraît aussi entièrement supposé ; je n'en trouve aucune trace dans les chants du peuple en Bretagne. Et quant à la catastrophe finale, l'incendie du château et la mort de Rozmelchon, une de mes versions en fait mention dans les deux vers qui la terminent :

Et voilà le château incendié,
Et Rozmelchon à la broche, comme un cochon !

Le mot Glesker, pour Groësker, le nom que donne une de mes versions au château où va Marguerite porter du lait aux gens qui travaillent à l'écobue, aura pu donner à M. de La Villemarqué l'idée d'introduire Du Guesclin dans sa ballade.

Il est vrai qu'en 1373, Du Guesclin assiégea et enleva le château de Trogoff, dans la commune de Ploegat-Moysan, où s'était fortifié un Anglais qui, de là, rançonnait et pillait tout le pays environnant. Mais, d'après les chroniqueurs du temps, cet Anglais s'appelait Thuomelin, et put se retirer, la vie sauve, après la prise de la place. D'un autre coté, je n'ai rencontré le nom du château de Trogoff dans aucune des versions que j'ai recueillies. Pourquoi donc M. de La Villemarqué, contre toutes les vraisemblances, s'obstine-t-il à rattacher sa ballade à Du Guesclin et au séjour des Anglais en Bretagne ?

Toujours la même préoccupation : avoir une ballade pour tous les hommes et les événements marquants de notre histoire nationale.

D'après tout ce que j'ai déjà dit, on doit prévoir quelles seront mes conclusions. Je veux pourtant les formuler avec plus de précision et de clarté.

Deux parts sont à faire dans les pièces dont se compose le *Barzaz-Breiz*.

La première est formée de pièces supposées, entièrement fabriquées, et dont on ne trouve rien dans la tradition populaire, du moins comme vestiges de chants ayant existé Ce sont les plus anciennes, ou prétendues telles, et les plus importantes au point de vue historique et philologique. Il semble que le procédé de l'auteur pour les établir a dû être celui-ci : Le sujet étant donné, rassembler sur les événements et les hommes, sur les idées, les mœurs, les coutumes et les croyances du temps, tous les renseignements épars dans les historiens, les chroniqueurs, les poètes, la tradition orale, partout enfin ; puis, le travail de l'érudit étant terminé, le poète se mettait à l'œuvre, à son tour, et composait son chant, ou son poème. Les pièces ainsi fabriquées sont au nombre de vingt, au moins. En voici la liste :

La prophétie de Gwenc'hlan, page 19, — Submersion de la ville d'Is, page 38. — Le Vin des Gaulois et la Danse du glaive, page 45. — La Marche d'Arthur, page 48. — Tout ce qui regarde Merlin, page 55. — Plus des deux tiers du poème de Lez-Breiz (un nom inventé), page 79. — Le Tribut de Nomenoë, page 112. — Alain-le-Renard, ou Allain barbe torte, page 120. — Bran ou le Prisonnier de guerre, page 123. — Le Faucon, page 130. — Le Rossignol, page 151. — Le Frère de lait, sauf quelques fragments très-courts, page 163. — Jeanne-la-Flamme, page 190. — La Bataille des Trente, page 195. — Le Cygne ou le retour de Jean-le-Conquérant, page 223. — La Ceinture des noces, presque toute, page 234. — Les jeunes Hommes de Plouyé, page 250. — Les Ligueurs, page 281. — La Mort de Pontcalec, page 326. La Tour d'Armor, page 490. (1)

Cette dernière pièce contient des fragments interpolés d'une autre légende rimée, à peu près conforme, mais pour la fable seulement. Dans quelques autres des pièces que je viens d'énumérer, des fragments étrangers aux sujets ont été également intercalés, mais les pièces elles-mêmes n'existent pas dans le peuple.

Mais on n'invente pas ainsi une poésie, me dira-t-on, une poésie nationale.

D'accord ; mais on peut l'imiter, et avec succès, et les

(1) Il y a bien quelques autres pièces que je serais tenté d'ajouter à cette liste, comme : L'*Enfant supposé*, les *Nains*, l'*Hermine*, le *Combat de Saint-Cast*, les *Hirondelles*, mais je n'ose être aussi affirmatif en ce qui les concerne.

preuves n'en manquent pas. Le fonds de la poésie existait, et chez nous et chez les Gallois, comme en Ecosse pour les poèmes ossianiques, et la note et le motif étant donnés, il ne s'agissait que de faire dessus de brillantes variations, et M. de La Villemarqué s'en est tiré, il faut l'avouer, d'une façon remarquable.

Enfin, outre les raisons déjà exposées, tout cela est trop complet, d'une élévation trop soutenue, d'un goût trop épuré et sent trop, d'ailleurs, la rhétorique moderne, pour qu'on puisse l'attribuer à des époques si reculées et à une société à demi-barbare. Le propre de la poésie vraiment populaire, surtout dans les civilisations peu avancées, c'est de présenter, à côté de beautés de premier ordre, des fautes de goût, des grossièretés souvent, et des trivialités de toute sorte. (1)

La seconde partie des documents que contient le *Barzaz-Breiz* se compose de pièces qui existent réellement dans le peuple, en substance du moins ; mais que l'éditeur a arrangées, remaniées, en un mot, violentées de toutes les façons, pour les forcer à rentrer dans le cadre préparé d'avance et à servir, bon gré mal gré, des théories et des opinions préconçues. Ainsi, au moyen d'un nom historique et connu substitué à un autre nom fort obscur ou parfaitement inconnu, au moyen d'un couplet, d'un vers habilement interpolé, ici et là, on est arrivé à rattacher à des événements historiques importants, à des personnages marquants de notre histoire nationale, des chansons qui leur étaient complètement étran-

(1) M. le docteur-Halléguen, le perspicace et savant auteur de l'*Armorique bretonne, celtique, romaine et chrétienne*, s'est aussi occupé de la question de l'authenticité des chants du *Barzaz-Breiz*, et ses conclusions se rapprochent beaucoup des miennes, comme on peut le voir par le passage suivant :

« Après avoir admiré les pièces si remarquables de la première partie du » *Barzaz-Breiz*, les chants mythologiques, héroïques, plus beaux les uns que » les autres, tous les connaisseurs se disent : Ce ne sont point là des chants » primitifs, simples, populaires, dans le se.s ordinaire des mots ; ce sont des » compositions savantes, qui *honorent* leurs auteurs. »

(Congrès Celtique internationnal de 1867, *Mémoire*, page 291.)

gères, à leur origine. Les exemples de ce procédé sont nombreux dans le *Barzaz-Breiz*. Il suffira, pour s'en convaincre, de comparer les pièces qui sont communes au recueil de M. de La Villemarqué et au mien. J'ai eu soin d'indiquer les références pour chacune de ces pièces.

Il en découle naturellement que le *Barzaz-Breiz* est faux historiquement.

Il est encore faux au point de vue de la philologie. En effet, la langue qui y est employée est loin d'être celle dont se servent nos paysans bretonnants ; partout elle est épurée , archaïsée, — surtout dans les pièces prétendues anciennes. Les mots français en ont été proscrits avec un soin scrupuleux, pour leur substituer des équivalents, souvent tombés en désuétude ; et quand les dictionnaires bretons armoricains n'y suffisaient pas, on a eu recours aux dictionnaires gallois et corniques. J'affirme, et j'en ai assez souvent fait l'expérience, que les textes d'une bonne partie des chansons du *Barzaz-Breiz* sont fréquemment inintelligibles pour nos paysans, tant de Tréguier que de Léon et de Cornouaille.

L'auteur n'est donc pas dans le vrai quand il écrit ceci : « Les textes du *Barzaz-Breiz* sont le thermomètre exact » de la pureté du breton parlé aujourd'hui dans nos cam- » pagnes. » (1) M. de La Villemarqué dit encore dans la préface de la 4e édition du *Barzaz-Breiz*, page 42, qu'au vie siècle, la langue bretonne était à peu près celle de nos jours. Cette opinion n'est pas soutenable. Il suffirait de comparer un texte du vie siècle (mais nous n'en avons pas, du moins en armoricain), avec les plus anciens documents bretons que nous possédons, comme le mystère de *Sainte Nonn*, le *Grand Mystère de Jésus*, le *Catholicon de Lagadeuc*, pour s'en convaincre. Que l'on compare encore aux

---

(1) *De l'Avenir de la Langue bretonne*, par M. de La Villemarqué. *Revue d'Armorique*, tome I — 1842, pag. 18 et suiv. — Le même travail a été publié plus tard, en une plaquette de 34 pages, chez Clairet, à Quimperlé, sous le titre de : *Au Clergé Breton*.

mêmes textes anciens, bien qu'ils ne remontent pas au-delà du XIVᵉ ou XVᵉ siècle, les textes du *Barzaz-Breiz*, et l'on pourra se faire une juste idée du travail d'épuration auquel s'est livré M. de La Villemarqué. Il est considérable. Or, dans les chants du peuple, on doit respecter et l'esprit et la lettre ; la philologie offre aussi un intérêt de premier ordre, surtout quand il s'agit d'un rameau assez peu abondant de l'ancienne langue celtique.

Le *Barzaz-Breiz* est donc encore faux philologiquement.

Enfin, ma dernière conclusion sera, à peu de chose près, celle de la commission que les Écossais eux-mêmes nommèrent pour faire des recherches dans leurs montagnes, afin de porter un jugement définitif, autant que possible, sur la question de l'authenticité des chants ossianiques de Macpherson.

« La commission, après un travail contentieux très-mé-
» thodique, » — nous dit M. Villemain, — « fut obligée,
» sans doute à regret, de conclure son rapport sur les ques-
» tions et les réponses suivantes :

» 1º A-t-il existé anciennement dans la Haute-Écosse
» une poésie connue sous le nom d'Ossianique, et quel en
» était le mérite ?

» 2º La collection publiée par Macpherson est-elle au-
» thentique ?..

» Sur le premier point, la commission répond sans diffi-
» culté que cette poésie a existé, qu'elle était généralement
» répandue, qu'elle avait un caractère touchant et sublime.

» Sur le second point, la société avoue qu'il lui est diffi-
» cile de répondre catégoriquement. Elle déclare avoir re-
» cueilli cependant des fragments de poèmes qui renferment
» souvent la substance et quelquefois presque les expres-
» sions mêmes de passages contenus dans les poèmes dont
» Macpherson a publié la traduction, mais aucun poème

» identique par le titre et par le sujet (1). Elle croit que cet
» écrivain avait pour habitude de remplir les lacunes, de
» lier les fragments épars, d'insérer des passages nouveaux,
» d'élaguer des phrases, d'adoucir quelques incidents, de
» polir le langage ; enfin, de changer ce qui lui paraissait trop
» simple ou trop rude pour une oreille moderne, et de re-
» lever ce qui lui paraissait au-dessous de l'idéal de la
» poésie. La commission ajoute qu'il lui est impossible de
» déterminer jusqu'à quel point Macpherson a usé de ce
» genre de liberté.

» Il faut avouer,» ajoute M. Villemain, «que ce jugement
» est accablant pour l'authenticité des poèmes d'Ossian. Il
» est pourtant de la bouche de juges éclairés, conscien-
» cieux et animés néanmoins d'une sorte de partialité patrio-
» tique (2). »

Ici une remarque se présente naturellement à l'esprit :
c'est que les faussaires et faiseurs de pastiches ont généralement réussi, pour un temps du moins, en France comme
ailleurs, et principalement en fait de poésies populaires. Tout
le monde connaît le succès immense qu'eurent les poésies
ossianiques de Macpherson, à la fin du siècle dernier et au
commencement de celui-ci, et le succès presque égal des
Chants populaires des frontières de l'Ecosse, de Walter
Scott. Chez nous, P. Mérimée, avec son recueil de chant illy-
riques, connu sous le nom de « Guzla »; J. Travers, avec sa
chanson supposée d'Ollivier Basselin ; l'auteur inconnu du
« Chant des Cantabres »; M. Garay de Montglave, avec le
chant de « Altabiscar »; M. Mary Lafon, avec le « Chant
d'Annibal», et Charles Nodier, avec ses gracieux pastiches,
ont longtemps dépisté la critique et fait autorité dans la science.

----

(1) — En breton, au contraire, beaucoup de pièces identiques par le titre et
par le sujet, quoique profondément altérées et remaniées pour la plupart,
mais aussi beaucoup d'autres dont on ne retrouve aucune trace.

(2) -- Villemain, Cours de littérature française. Tableau du XVIIIe siècle
Leçon du 20 mai 1820.

En 1767, l'évêque Thomas Percy publia en Angleterre ses « *Reliques of ancient Poetry*, puisés, pour la plupart, dans un manuscrit in-folio exécuté vers le milieu du xviie siècle, mais contenant des pièces beaucoup plus anciennes. Ce manuscrit, qu'on a considéré longtemps comme entièrement authentique, a été publié récemment, et on sait, à présent, à quoi s'en tenir sur la part personnelle qui revient à Percy dans le recueil qui porte son nom, comme éditeur seulement. On s'en fera une idée quand j'aurai dit que d'un fragment de 39 lignes de la ballade « *The child of Elle* », il a fait un poème de 200 vers. Il ne faut pourtant pas être trop sévère pour Percy, et il convient de reconnaître qu'il dut user de précautions pour faire agréer un recueil de poésies dont le caractère naïf et populaire pouvait n'être pas goûté par le public d'alors. Percy fit ce qu'il pouvait faire en son temps, ce que personne en France n'osa tenter à la même époque ; mais depuis la science des poésies populaires a marché.

En Allemagne, Hoffmann de Fallersleben a aussi fait passer pour authentiques quelques chants prétendus populaires et dont il était l'auteur ; mais, comme P. Mérimée, comme J. Travers, — et j'aurais voulu pouvoir ajouter comme M. de La Villemarqué, — il a lui-même dévoilé sa fraude, au bout de quelque temps (1).

Quant à Buchan, cet autre faussaire dont il est question dans la publication récente du manuscrit où a puisé l'évêque Percy, voici les paroles sévères d'un critique anglais à son

(1)-- En 1867, il a paru — dans la *Revue de Paris*, n° du 1er juillet, page 137, -- un chant roumain, *La ballade de Ronsard*, -- relatif à l'ancêtre du vieux poète français, lequel vint en France des contrées du bas Danube, d'où il était originaire, pour offrir ses services à Philippe de Valois, contre les Anglais. Le héros y est nommé le *Ban mărăcină*, c'est-à-dire le *Marquis de La Ronceraie*, d'où Ronsard.

C'est un pastiche assez maladroit, et qui ne tarda pas à être dévoilé, de M. Basile Alesandri, poète roumain, qui a publié un recueil de *Ballades et Chants populaires de la Roumanie*.

sujet, dans une note du même livre : «Ce Buchan, que je me
« suis efforcé autrefois d'assister dans sa détresse, en lui
» procurant des acheteurs pour ses livres, ce Buchan, dis-
» je, était un falsificateur d'une hardiesse extrême : presque
» rien de tout ce qu'il a publié ne peut être regardé comme
» authentique (1)».

« La production de documents faux, — dit un critique
» que j'aime à citer, — « a quatre causes principales :
« l'intérêt, la vanité, la religion, le patriotisme. C'est la qua-
» trième, le patriotisme, qui a dicté les plus remarquables
» et les plus heureuses fraudes, et l'une des formes les plus
» habituelles qu'il a adoptées est celle de la poésie épique.
» Cette forme a, en effet, tous les avantages : d'une part,
» elle est assez flottante pour qu'il soit difficile de lui appli-
» quer les procédés rigoureux de la critique ; d'autre part,
» en même temps qu'elle permet de fournir les renseigne-
» ments qu'on veut faire accepter au public, sur l'état
» passé d'un peuple, elle rehausse la valeur de ce peuple et
» lui donne une gloire poétique appréciée très-haut ; enfin,
» elle se prête à l'imagination du faussaire, qui est générale-
» ment *un peu poète*, et le dispense des recherches trop
» minutieuses qu'exigerait la confection de chartes ou de
» chroniques (2) ».

C'est aussi le patriotisme qui a été le mobile et l'inspira-
teur de l'auteur du *Barzaz-Breiz*. Il a rêvé pour son pays
tout un cycle de belles ballades historiques, se rapportant
aux évènements et aux hommes les plus marquants de l'histoire de la Bretagne, et que des bardes ambulants, des homérides en sabots et en *bragou-braz* allaient chanter de
porte en porte dans les campagnes d'Armor. Qui sait? peut-
être, — a-t-il dû se dire, — un poète au souffle puissant

(1) — *Bishop Percids Folio manuscript, vol. 2, pag, 269*, — *Edited by
John Hales and Frederick* Furnival, London 1868.

(2) — M. G. Paris, *Revue critique,* 6 octobre 1866.

viendra-t-il un jour qui, de ces éléments divers, de ces fragments épars d'une grande épopée nationale, saura faire un tout complet et harmonieux, un poème immortel comparable à l'Iliade d'Homère ou au *Nibelungen* des Allemands, et alors, quelle gloire pour la Bretagne, et aussi pour le nouvel Homère et celui qui lui aurait préparé les matériaux de son épopée !

Le chant possède une grande force morale : il donne le courage, la foi, l'enthousiasme, trois choses sans lesquelles rien de grand ne s'accomplit dans ce monde. Les premiers chrétiens marchaient au supplice en chantant des hymnes ; les Templiers chantaient sur le bûcher de Philippe-le-Bel ; Taillefer chantait à la bataille d'Hastings, devant l'armée normande, et les volontaires de notre première république marchaient à la frontière en chantant la *Marseillaise* !

Un des côtés par lesquels nous sommes inférieurs à l'Allemagne, il faut bien le reconnaître, c'est l'absence chez nous d'une poésie vraiment populaire et patriotique. Je parle d'un ensemble de poésies nationales, d'un sentiment élevé et moral, où batte le cœur de la patrie, et que l'ouvrier et le paysan comprennent comme l'académicien, et peut-être mieux. Toute notre poésie moderne est à peu près inintelligible pour le peuple. Elle ne parle ni à son esprit, ni à son cœur. Pour moi, il n'est pas douteux que la brillante pleiade des poètes populaires allemands de la fin du siècle dernier et du commencement de celui où nous vivons, comme Théodore Kœrner, Ernest Arndt, Bürger, Uhland, Maximillien Schenckendorf, Justin Kerner, Zedlitz, Nicolas Lenau, Gœthe, Schiller, Becker, et tant d'autres, n'ait grandement contribué à préparer ce mouvement général, cette invasion en masse et cette guerre fatale qui nous a si cruellement désillusionnés. Il n'est rien qui vaille le chant, uni à la poésie, pour soulever, pour enthousiasmer les masses, et entretenir chez elles le sentiment patriotique et le souci de l'honneur national. Et lorsqu'à cela vient s'ajouter la puissance, — je dirais volontiers la *vertu*, — d'une langue ancienne, persécutée et opprimée officiellement, comme l'est aujourd'hui, et bien à tort, notre pauvre langue bretonne, quelle force irrésistible alors !

Mais je m'aperçois qu'il est temps de finir. Je n'ai pas tout dit sur la matière, mais je crois, du moins, avoir touché les points principaux.

De tout ce qui précède, il me semble ressortir clairement que les historiens et les écrivains sérieux qui auraient une confiance trop entière dans les documents qui composent le *Barzaz-Breiz* de M. de La Villemarqué, s'exposeraient à commettre de graves erreurs et à éprouver de cruels mécomptes. Un savant consciencieux, dont le nom est connu et cher à tout mon auditoire, a dit avec beaucoup de raison : « Rien n'est décourageant comme d'avoir à s'appuyer, en « matière historique, sur des documents que l'on croit « authentiques et dont, plus tard, on reconnaît la brillante « futilité ! (1) »

Je n'ajouterai qu'un mot : Il est temps que chaque genre soit défini et délimité, et que l'on proscrive radicalement l'imagination du domaine de l'histoire.

F. M. Luzel

Plouaret, juin 1872.

(1) -- M. Anatole de Barthélemy, -- Compte-rendu de *Gwerziou Breiz-Izel*, -- *Revue archéologique*, 1869, n° décembre, page 456.

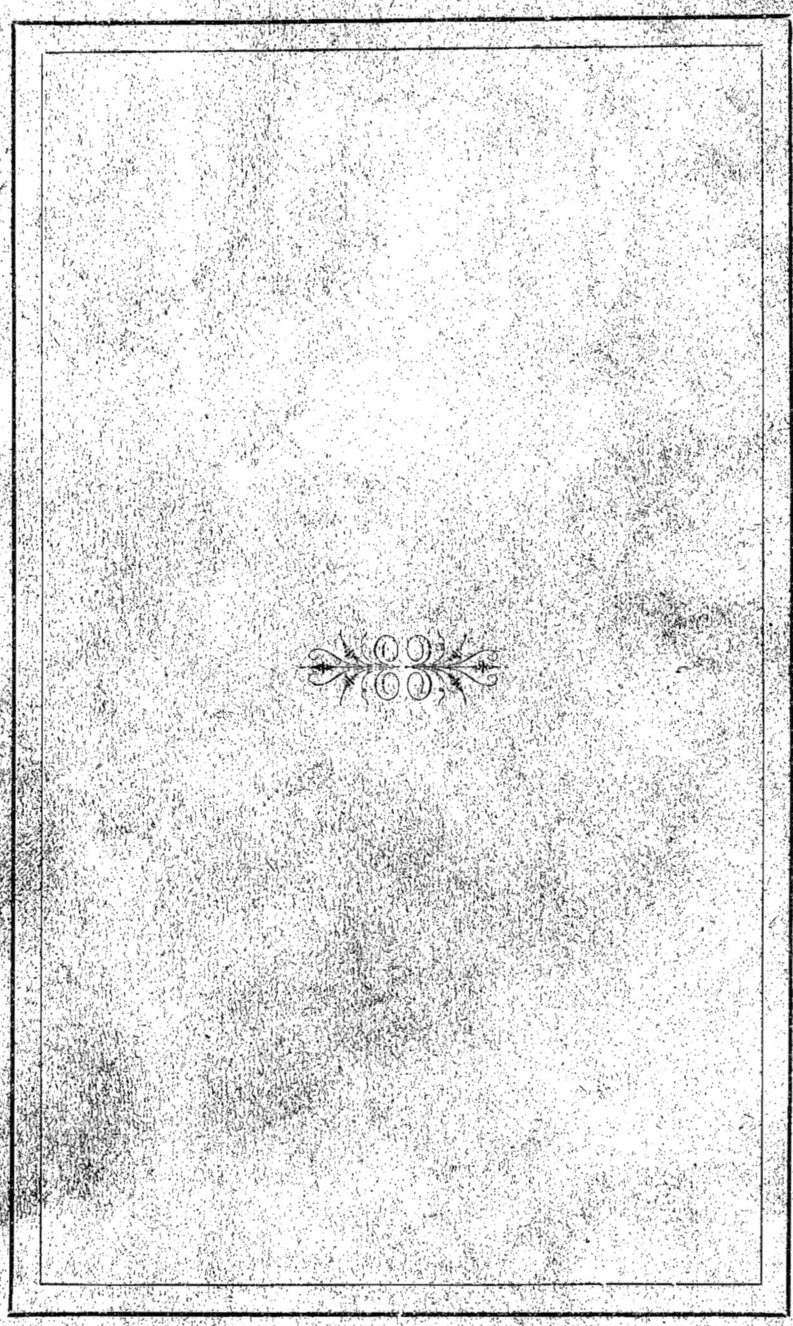